小学館文庫プレジデントセレクト

日本の論点

大前研一

小学館

プロローグ

本書は二〇〇六年一月からプレジデント誌で連載している『日本のカラクリ』及び対談記事から直近の稿を抜粋し、加筆修正しつつ、とりまとめたものである。

日本の政治経済から、日本を取り巻く世界の情勢、刻々変化する時代状況まで、私が一人で好き勝手に論じているということで、『大前研一の日本の論点』という仰々しいタイトルに収まった。「論点」という以上は読者諸氏が異論のある場合、ご自身の意見を「論点」としてまとめてもらいたい、という希望もある。

トピックスは折々の社会事象に結び付けて論じているが、本書で取り上げているような論点は私にとっては目新しいものではない。

『世界が見える、日本が見える』『大前研一の新・国富論』『平成維新』『世界の見方・考え方』など、一九八〇年中頃から社会改革に関する本を書いてきた。それらの論点を整理して、政策提言として一つにまとめたものが一九九三年の『新大前研一レポート』である。

それが「大前研一の論点」の原点（原典）といっていい。

以来、私が世に問うてきた論点で、『新大前研一レポート』に出ていない論点は一つもない。時代とともに新たな証拠が積み上がって論点が補強されるために、ときに新鮮に映ることがあるかもしれないが、『日本のカラクリ』の連載で取り上げてきたテーマもまた例外ではない。

逆の言い方をすれば、この二〇年来、この国は何も変わっていないということである。『新大前研一レポート』の中で論じた日本を変えるための八三法案の中で実現したものは何一つとしてないのだから。

これは恐ろしいことである。日本の中央集権体制がいかに堅牢で、役人が体制維持に腐心しているか、うかがい知れるだろう。

私の立場からすれば、日本をよりよくするための論点は「これでもか」というぐらいに投げかけてきた。論点は実行に移さなければ、机上の空論に過ぎない。次の段階で必要になってくるのは革命である。私はそれを「維新」と呼んだ。

平成維新の運動を興し、自ら都知事選にも打って出たが、大前研一の維新は儚くも砕け散った。表舞台に立つのは向いていないと思い知った。そこからは裏方に徹して改革に向けた政策を立案し、論点を世に提示していくことを自らの役回りと心得てきた。

過去三〇年の歴史を振り返ると、日本を変えるチャンスは三回あった。

一回目は自民党一党支配が崩れて、五五年体制が終焉を迎えた細川護煕政権のときである。非自民連立政権で首班指名を受け九二%もの支持率を得た細川氏が本物の改革者だったら、すべての改革はなし得たと思う。

二回目は抜群の支持率と政局判断を誇った小泉純一郎政権のときだ。やはり小泉氏が本物の改革者なら郵政選挙後は何でもできたはずだ。しかし、郵政改革法案を成立させたらさっさと舞台を降りてしまった。

そして三回目は橋下徹市長の登場である。橋下氏は中央政界のリーダーではないが、伊達正宗や武田信玄のように地方から刃を突き付けて中央に緊張感を与え、変革を促す手を使った。大阪都を筆頭にそれぞれに力を蓄えた地方が連携して中央に改革を迫り、大政奉還によって道州制や連邦制に持っていくことも不可能ではない。

私は政策の原点が近い橋下氏を応援してきたし、大阪都構想で頑張って欲しかった。だから橋下氏が日本の政党から中央に出てくることに反対したのだ。

〝政治屋〟として衝動を抑えきれなかった橋下氏は石原慎太郎氏と組んで中央政界に歩を進めた。しかし、維新の風は長続きせず、二〇一二年末の総選挙、一三年夏の参院選で思い通りの結果を残すことはできなかった。自身も未熟な発信をして場外乱闘を演じ、国内外からのバッシングを受けて急速に影響力を失った。

橋下徹という政治家に対する世間の熱がようやく冷めてきた中では、彼自身も目が覚めて、「大阪をピカピカに磨く」という本来の目的に集中し出したようだ。地元でもう一度力を蓄えて、グローバルな感覚やリーダーシップを磨いて欲しいと思う。

◉

橋下市長が非常に勢いのあった一年前、「大阪で兵を挙げた橋下が江戸に攻め上がってくると厄介なことになる。言うことを聞いておいたほうが得策」ということで永田町にも霞が関にも緊張が走って、道州法案が国会に提出され、大阪都構想にOKを出した。

やはり「下手をしたら刀を抜くかもしれない」というぐらいのマッドマンが登場しなければ、現実はなかなか変えられない。

日本という国家の中央集権体制及び利権構造は、それほど堅牢なのだ。

安倍自民党政権がうまくいっているように見えるのは、中央の役人を上手に使っているからで、改革には程遠い。

中央省庁を解体するか、すべての利権と権限を剝奪するくらいのことをしなければ、無血革命にはならない。中央集権を是としてきた自民党政権にそんなことができるわけがない。安倍政権にできるのは、せいぜい中央省庁の利権を奪わない程度に権限を分け与えるお目こぼし「特区」くらいのものだ。したがって安倍首相は改革者にはなれない。

では四回目の改革のチャンスはいつやってくるのか。この三〇年で考えれば一〇年に一回ぐらいのペースでチャンスが巡ってきているので、また一〇年後にメサイアが登場してくる可能性があるのではないか。

そのときまでに、あるいは私はもうこの世にいないかもしれないが、私がいなくても改革ができるように、さらに証拠を積み上げて論点を整理し、法案を練り上げる作業を粛々と続けていくだけである。

二〇一三年九月吉日

大前研一

Photo : 市来朋久

Contents

平成の世直し運動

side B

Special Talk 01

「日本病」克服の唯一のカギとは？

あえぐ日本の今と明日を徹底討論

ジャック・アタリ VS. 大前研一

世界を震撼させたギリシャ破綻の問題は、
決してひとごとではない。
莫大な公的債務を抱える日本は"国家破綻"寸前である。
「日本破綻」を回避するための策とは、一体どのようなものか。

〜2011年3月21日◉記〜

「日本病」克服の
唯一のカギとは？

ジャック・アタリ VS 大前研一

Jacques Attali

1943年生まれ。アルジェリアの首都アルジェ出身。フランスのエリート養成機関であるグランゼコールを卒業後、38歳にしてミッテラン大統領の大統領特別補佐官に抜擢され、頭角を現す。サルコジ政権でも、その知恵袋「アタリ政策委員会」のトップとして、フランスの財政再建政策のカギを握る人物として知られてきた。2011年に上梓した『国家債務危機』日本語版はサルコジ元大統領が絶賛し、日本の菅元首相も買い求めた。

Kenichi Ohmae

1943年生まれ。横浜市出身。マサチューセッツ工科大学大学院博士課程修了。日立製作所を経て、マッキンゼー・アンド・カンパニーの日本支社長を務めた。当時、中曽根康弘元首相の知恵袋としても活躍。現在はビジネス・ブレークスルー大学の学長として政策提言のみならず社会・教育分野に精力的に活動。

Photo：大沢尚芳

Special Talk

「多くの日本人は危機感が乏しく、現状に満足しているのではないでしょうか。しかし、現状維持という希望は国民がサバイバルに向けた決意を固めない限り実現しないことを理解することが重要です」（ジャック・アタリ）

「人口も所得も増えていた時代は所得や利益というフローに対して課税すればよかったのですが、今後は資産に対する課税体系にコンセプトを変えなければならない時期にきています」（大前研一）

一〇兆ドルの純貯蓄九兆ドルの公的債務

※統計数値などは、二〇一一年対談時のものです。

大前　アタリさんは日本の債務問題に対して「王様は裸だ」とズバリ指摘されている。日本国民には一〇兆ドルの純貯蓄があり、これが九兆ドルという日本の公的債務を賄っているのが現状です。

もし自分たちの銀行預金や郵便貯金が実際には国の借金のファイナンスをしていると知ったら、国民は度肝を抜かれるでしょう。さらには日本国債がクラッシュしたら、国民の貯蓄はすべて吹き飛んでしまう。アタリさんが鳴らした警鐘に驚いた読者も多かったのではないでしょうか。

アタリ　私が日本について疑問に思うのは次の点です。日本はさまざまな面でナンバーワンの地位を維持するために必要なものが揃っています。資金力やイノベーションに関してもトップクラスです。先端技術に関しても、さまざまな技術分野でトップクラスです。

したがって、日本は他のどの国よりも長期的な観点から戦略を練ることができる位置にあるわけです。実際、日本はＧＤＰのほぼ四％も研究開発（Ｒ＆Ｄ）に投じているではないですか。ところが日本は公的債務の問題を長期的な視点でとらえることができない。これはとても奇妙なことです。

私は『国家債務危機』の中で、患者が医師から深刻な病気であることを告知された場合、患者はまずこれを否認したがるものだと書きました。「自分に限ってそんな疾病にかかるわけがない。きっと誤診に違いない」と。我々ヨーロッパ人のほうが理性的というわけではありませんが、アメリカ人と同様、日本人にもこうした思考回路を持つ傾向があるのではないでしょうか。

確かに、大前さんのご指摘通り、公的債務が国内の貯蓄だけでファイナンスされているのであれば、日本には拘束的な条件などないことになります。一方で公的債務の三分の二が外国からのマネーによってファイナンスされているヨーロッパ諸国は、拘束的条件にさらされている。つまりヨーロッパ諸国は日常レベルで一触即発の状態にあるわけです。日本の場合、国債が消化できなくなることなどありえないと誰もが信じているので、日常的なレベルでの危機感が存在しません。

大前　日本の公的債務は個人の貯蓄によってファイナンスされていますが、これに国民のコンセンサスがあるわけではありません。日本の銀行はほとんどが一時国有化された状態でしたので、国民の貯蓄で国債をファイナンスするのは、いわば一種の強制的な仕組みであるともいえる。一五年ほど前に公的資金が注入されたこともあって、政府の意向を無視する金融機関は存在しない。日本の金融機関は常に政府の顔色をうかがっている状態です。預金者には雀の涙ほどの金利しか払ってないくせに、郵便貯金についていえば、日本郵政のトップに就任した旧大蔵省の元事務次官である斎藤次郎氏（対談当時）は、政府の意向に対して従順な姿勢を貫いて、国債を買い増しています。

確かに公的債務を購入する資金が続く限りは何とかなるでしょう。しかし利用できる貯蓄は、あと一六〇兆円しか残っていない。仮に政府が毎年四〇兆円を食い潰せば、財政的にやり繰りできるのはあと四年という計算になります。日本の債務問題が出口のないトンネルだとわかったら、アービトラージャー（情報格差を利用して利ざやを稼ぐ業者）は空売りなどの手段で国家に襲いかかってくる。そうした事態がいつ起こっても不思議ではない時期にきていると思います。

個人のインテリジェンスを計測する指標であるＩＱに対して、集団のインテリジェンスを表す「集団ＩＱ」というものがあるとすれば、日本の「集団ＩＱ」は幻想にとらわれ、思考力が麻痺した状態にあるのではないかと私は思います。現実から目を逸らせば破滅にまっしぐらです。

唯一の方法は、社会制度を変革すること

アタリ 社会としての知性を意味する「集団IQ」という比喩は示唆に富んでいると思います。現実を直視することは、事態が深刻なほどつらいものです。そのため「このままでは必ず破綻しますよ」という現実的な意見よりも、来年の選挙で勝つことしか頭に浮かばない政治家が発するどうしようもなくいいかげんな楽観主義に基づいた意見のほうが尊重される。対策を打ち出す時期が先延ばしにされることから、選択肢も助かるチャンスも減る一方です。

大前 アタリさんは公的債務の解決策として歴史的に八つの方法（増税、歳出削減、経済成長、低金利、インフレ、戦争、外資導入、デフォルト）しかないと述べていますが、日本政府には歳出を削減しようとする気などないようです。このままでは日本国民が危機に呑み込まれる以外に選択肢はなさそうです。

アタリ 私は『国家債務危機』を執筆しながら、国家債務の膨張が手遅れとなる前に機敏に対応して破綻を回避した事例が歴史的に見て稀であることをあらためて痛感しました。

長期的な視野を持ったリーダーを生み出すための制度的な仕組みがない民主主義の下で、どうすれば大局的な判断を下すことができるのでしょうか。たとえばフランスでは大統領の任期が七年から五年に短縮されました。私はこれに反対でした。一方、日本では首相が毎年、あるいは数カ月おきに交代しています。これは非常に恐ろしい事態です。嫌われ者になるくらいの時間的な余裕がなければガバナンスなどできません。

大前　まったくその通りです。

アタリ　それともう一つ危険なこととして、民主主義の枠組みにおいて、ある種の社会的な安定が構築できなくなった際に、これは明日、明後日に起こるというわけではありませんが、民主主義を犠牲にしてまでも社会的な安定を求める者たちが現れることです。移民排斥運動、極右勢力の台頭などです。このとき、国家債務の問題はまさに民主主義体制の弱点を映し出す鏡になる。日本の債務問題を解決する唯一の方法は、社会制度を変革することだと思いますが、果たして日本にはそれを実行するだけの器量があるでしょうか。

大前　古代ギリシャで民主主義の基盤を担ったのは情報を充分に与えられた知識階級です。ギリシャ社会で暮らすのはこうした人ばかりではなく、選挙権のない人もたくさんいました。しかしながら現代社会においては国民全員が選挙権を持つことは民主主義の基本であり、狡猾な政治家に扇動されたり、情報や知識が乏しい人々も投票することができる。だから世論はマスコミや国民の気分次第で、いとも簡単に左から右へ変化してしまう。

政権に失望した民衆は選挙のたびに反対側に投票する傾向があり、これが二院制ではねじれの原因となっています。前に進むどころか同じところをぐるぐる回っています。

アタリ フランスの政治制度は、現在の日本のように機能不全を起こしてしまうほど悪くはありません。大統領には五年の任期があり、この間、大統領は政権を維持できます。もっと長くていいのかもしれませんが、それでも五年というのは短すぎるわけではない。国民から充分な支持を得るまで、じっくりと時間をかけて政治に取り組むことができなければ、何事も果たせません。

なぜならば改革の対価となるメリットが明確にされない限り、国民は改革を受け入れようとしないからです。長期的なメリットを説明せずに、単に辛抱してくれというだけでは、国民は改革を支持しないでしょう。まずは政治家が国家の将来像をきちんと提示できるようにならなければなりません。

遅かれ早かれ、消費税は二〇%程度に

アタリ　これまでヨーロッパでは隣国同士の戦いなど、数々の脅威をくぐり抜けてきました。今日でもグローバリゼーションという脅威は存在しますし、もちろんEU崩壊の脅威も感じています。

一方、日本の場合は脅威の存在そのものを否定する理由がたくさん存在します。まず島国であること。とりあえずは外敵が目に入らないから、国民の間にサバイバルしようという動機が乏しい。さらに日本は膨大な資産を持っています。これも危機感が乏しくなる原因です。

多くの日本人は危機感が乏しく、現状に満足しているのではないでしょうか。しかし、現状維持という希望は国民がサバイバルに向けた決意を固めない限り実現しないのだということを、日本国民はきちんと理解することが重要です。迫りくる脅威を無視したり、傍観しているだけでは、極東の片隅にある日本は忘れ去られ、坂を転げ落ちるように衰退することになるでしょう。そうなれば日本人の購買力は衰え、平均寿命は短くなり、公教育の授業料を負担することさえも難しくなります。要するに日本

人は現在の生活レベルを維持することができなくなる。日本は一九世紀末からわずか百数十年の間に世界のトップに駆け上がったわけですが、転落もまた早いでしょう。

私の日本に対するアドバイスは「まずは危機感を持て！」ということです。大前さんのような俯瞰的に状況を把握できる方が日本の将来像、「二〇二〇年の日本」のようなものを作成して示すことも、危機感に乏しい日本人を覚醒させることになるのではないでしょうか。

大前　一五年前、私は「今、目を覚まして問題に取り組まなければ、日本はポルトガルやスペインのような運命を辿ることになる」と警鐘を鳴らしました。日本人の平均年齢は〇五年には五〇歳近くになることから、〇五年までに日本は何としても変わらなければいけないと主張したのです。

一九九二年から「平成維新の会」という市民運動を組織し、〇五年までに改革を実現するために、私財をつぎ込んでこの市民活動に専念しました。しかし、残念ながら日本を変えることはできませんでした。市民運動を国民全体に拡大させるだけの能力が私に足りなかったのかもしれません。

ではアタリさんのような知性溢れる知識人が日本に対して何らかの処方箋を提示すれば、日本に奇跡は起こるでしょうか？　私にはそうは思えない。日本に奇跡は起こらない。ヨーロッパにも、アメリカにも、中国にも奇跡は起こらないでしょう。それが〝現実〟というものです。

日本は近い将来、恐らく、一年以内、遅くとも二年以内には債務危機の問題に直面すると思います。賢明な国民であれば自分たちの貯蓄で政府債務を買い支える以外に方法がないことは理解できるはずです。国家債務危機を解決するマジックなど存在しない。

アタリ その通りです。『国家債務危機』で指摘しましたが、いかなる国であっても国家債務の法則から逃れることはできません。重要なポイントは問題を次世代に先送りしないことです。日本の場合では、国民の負担率が高くないので、それほど難しいことではない。たとえ国民負担率を二倍に引き上げてもせいぜいヨーロッパ並みです。

大前 日本はなぜ増税に踏み切れないのですか？

大前 消費税を導入するときも、消費税を三％から五％にアップさせるときにも首相のクビが飛びました。日本の首相は増税を口にするたびに退陣を余儀なくされてきたのです。

アタリ ならば首相を二〇回ほど交代させて増税すればいい（笑）。

大前 日本の歴代首相は抜本的な税制改革に取り組むことに躊躇してきました。しかし今日、税制改革は待ったなしの状態です。遅かれ早かれ、消費税は二〇％程度に引き上げざるをえないでしょう。一方、所得税については最高税率がおよそ四〇%です。法人税については実効税率の五%引き下げが決定されたばかりですが、今のところは四〇・六九%です。(対談当時)

しかし消費税だけ上げるのは、きわめて不公平で、経済活動を停滞させる恐れがあります。したがって消費税の引き上げと同時に、また税負担がサラリーマンに偏っている、という問題も解決してからでないとコンセンサスも得られないでしょう。さらに所得税ないし法人税を緩和するべきです。EU圏の法人税の実効税率は二五%程度に収束しつつあります。アジア諸国に目を向ければ、中国が二五%、シンガポール、香港、台湾が一五~一七%です。日本はこうした近隣のアジア諸国と競争しなければなりません。消費税だけ引き上げても効果がない。

そこで私が提案するのは税制の抜本的な改革です。今後、所得は減り、人口も減少していくことから、金融資産や不動産などの資産に一%ほど課税していく。さらには五~一〇%の付加価値税を導入すれば、現在の税収に等しい歳入が確保できる。人口も所得も増えていた時代は所得や利益というフローに対して課税すればよかったのですが、今後は資産に対する課税体系にコンセプトを変えなければならない時期にきています。

イギリスは前政権をスケープゴートに

アタリ　高齢者が多数派を占める時代に、彼らに有利に働くシステムをどのように改革すればよいとお考えですか？

大前　ポイントはそこです。実は日本では常に高齢者に有利な決定が行われてきました。年金など若い人は払っただけもらえない。しかし彼らは選挙に行かないので無視されてきたわけです。私は政治に関心を持たない彼らの一斉蜂起こそが改革につながると思っています。

先般、菅直人首相がアタリさんの『国家債務危機』を買ったという報道がありました。菅首相にアタリさんのご著書を理解できるだけの知性があるのであれば、すぐにでも彼のもとに駆けつけてレクチャーするのが私の使命でしょう。政権担当者たちの知的能力に問題があるのです。日本の政治家は自分の頭でものを考えるという訓練を怠ってきました。それが問題なのです。

ＥＵ発足の際に活躍したジスカール・デスタン（フランス元大統領）やシュミット（ドイツ元首相）などは輝かしい知性の持ち主でした。旧西ドイツのコール首相も思慮深い人物だったと思います。ヨーロッパの指導者たちには国境を越え、目先の利益を超えて長期的な公益を考える知性が備わっていた。最近はその輝きが薄れてきたように感じますが……。

アタリ おっしゃる通りです。ミッテラン元大統領は、あることを決断する際に「二〇年後の国民であればどう思うであろうか」と、必ず熟考したうえで決断を下していました。ミッテランのように考えるのであれば、過剰な国家債務は早急に削減しなければならないことは明らかです。将来を見据えた政策を打ち出せば、支持率を犠牲にしても、偉大な政治家として後世に名を残すことになるでしょう。

民主党政権は絶好のチャンスを逃した

大前 イギリスのデイヴィッド・キャメロンには感銘しました。何しろデビュー早々、いきなり血の出るような歳出削減を実行したからです。日本政府には到底真似できない。

アタリ キャメロンは前政権をうまくスケープゴートにし、歳出削減をやってのけたのです。日本も同じ手を使えばいい。

大前　キャメロン首相とニック・クレッグ副首相がやったのは、すべての失策の責任を労働党になすりつけることでした。アタリさんが掲げた過剰な国家債務を削減するための八カ条に、これを追加してもいいんじゃないでしょうか（笑）。

ご存じのように、日本では二〇〇九年の八月の総選挙で民主党が勝利して細川内閣を除いては約六〇年ぶりの政権交代が実現しました。しかし、民主党政権は最初の一年を無駄に過ごし、絶好のチャンスを逃してしまった。二度の弛みきった予算を通してしまったので前政権に責任転嫁はできません。チャンスは二度とやってこないでしょう。

アタリ　日本の債務問題は世界経済にとっても重要な問題です。大前さんがこの問題について前向きに取り組むよう、日本政府や国民に働きかけてくださることを期待しています。

大前　それではアタリさんにはバブル経済の処理を誤らぬよう、中国の説得をお願いします（笑）。

対談後記●大前研一

国家債務危機は物理現象である、とするアタリ氏と私の意見は完全に一致している。

私は物理よりも「算数」に近いと思っている。二〇一一年現在の日本国を運営していくのに一体いくらのカネがかかっているのか？ 二二〇兆円である。ところが一般会計と呼ばれる予算は九二兆円である。不足部分の半分は税ではなく保険や年金などの特別会計で処理されている。国債の償還や利払いも特会である。旧大蔵省の発明したこの特会が素人だけでなく政治家たちの理解を鈍くしている。アタリ氏のいう八つの解決策のうち日本がやったのは低金利だけで、あとはまったく手をつけていない。この一五年間ひたすら現状維持してきただけだ。

しかし、アタリ氏は現状維持さえも「サバイバルへの強い決意」がなければできない、という。その通りだ。現に経済成長も外資導入も先進国では最低水準だ。アタリ氏のいうように政治家は嫌われなくては国家債務の解決はできない。飲みやすい薬などないからだ。そのためには最低でも五年の任期がなければダメだ、という。当然だろう。日本の最大の問題は一年ごとに首相を代えて困難から目を背ける仕掛けを許容している現制度にある。

国家債務危機の解決はどうしたらよいのか、というアイデア募集をしている場合ではない。実は日本の政治制度そのものがこの問題の解決を困難にしている、という氏の指摘を我々は最も本質的な問題提起と捉えなくてはならない。

side A

日本病を克服せよ

Strategy 01

「たとえば今、
全国的に空き家が増えていて、
多い県では**空き家率**が
15%以上ある。
これを自治体が整備して、
バケーション用の
別荘のように貸し出せる
管理運用会社をつくる」

**ケインズ以降のマクロ経済理論は
もはや通用しない
——小さな楽しいアイデアを
たくさん積み重ねて
国民心理を盛り上げろ**

〜2011年10月31日◉記〜

日米両国が陥った「ケインズ盲信」の失策

日本が「失われた二〇年」から得なければならない最大の教訓は、ケインズ経済学以降のマクロ経済理論はもはや通用しないということだ。日本政府はバブル崩壊後の二〇年で三〇〇兆円もの財政投融資という世界史上例のない財政出動（公共投資）を行い、ゼロ金利政策と量的緩和政策を続けてきたが、まったく効果がなかった。

財投は景気のカンフル剤というより麻薬のようなもので、公共投資をしているうちは何とか景気は持っているが、やめると禁断症状が出てくるという悪循環。またゼロ金利や量的緩和で市場に資金を供給しても、金融危機の後では銀行は自らの生き残りを優先するので、リスクを取ってまで貸し出さない。貸し渋りや貸し剝がしが横行し、経営が苦しい中小企業や個人には資金が回らない状況が生まれた。だが、バラマキと借金を繰り返す従来の経済政策では日本の経済社会に光が差し込むことは決してない。

これは日本だけに見られる特異な現象ではない。今、アメリカは日本とほとんど同じパターンの陥穽に足をとられている。リーマンショック以降、「オバマ・ニューディール」ともいうべきバラマキ総合経済対策を講じてきたが、まったく効果なし。雇用にもつながらず高い失業率が続いている。

また日本同様、アメリカも金融危機後にメガバンクは実質的に三つに集約された。アメリカは二〇〇八年から事実上のゼロ金利政策を採っているから、調達金利は下がっているはずだが、銀行はやはり自らの生き残り、自己資本の充実を優先してクレジットを絞るようになった。おかげでアメリカはクレジット社会から貯蓄社会へと急速に変化し、今やアメリカの貯蓄性向（可処分所得における貯蓄率）は日本を上回るほどだ。金利引き下げやマネーサプライの増加による景気刺激効果は企業、個人ともにほとんど見られない。

日本もアメリカもまったく同じ動きを示している。それが何を意味しているかといえば、二〇世紀を支配していた経済制御システムが終焉を迎えたということだ。

公共投資で有効需要が創出されると、それに対応して雇用が発生し、労働者に賃金が支払われ、その賃金が消費を押し上げる。金利を下げると金を借りやすくなるから、設備投資や個人消費などの需要が喚起される——といったケインズ経済学の方程式がことごとく当てはまらなくなった。つまり経済の根本的な原則が変わってしまったのである。

なぜ経済原則が変わったのか。一つの理由は、私が一九八〇年代後半に提唱したボーダレス経済の出現である。

ケインズ経済学は閉鎖経済における「質量保存の法則」を前提に、貨幣と金利と雇用と消費の関係を説いている。しかし各国経済が複雑に相互依存しているボーダレス経済下では、ニューディール政策でいくら国内に有効需要を創出しても、資金を供給しても、効かない。国境を越えて人、カネ、モノ（企業）、情報が移動してしまうからである。企業はいとも簡単に国境を飛び越えて、需要のある場所に投資し、需要のあるところに雇用をつくり出す。さらには、つくった製品を国内に輸出するから、逆に国内雇用が圧迫されてしまうことになる。

もう一つ、低金利や量的緩和などの金融政策が機能しない理由は、産業革命以降の「労働者＝消費者」という図式が崩れてきたからだ。日本でもリタイアした世代が個人消費のかなりの部分を引っ張っている。

アメリカでもサブプライム問題でひっくり返ったのは中流以下の低所得者層で、中堅企業の部課長クラスから上の層はほとんど困っていない。アッパー層は三つ持っている家の一つを売ればいい、という感じなのだ。

資産リッチは金利を下げれば収入が減るし、資金供給は自分の資産再配分でつくり出せる。財務状況に余裕のある企業や個人は金利をゼロにしたら余計に身構えてしまう。余計なお金は借りずに、自分の蓄えの範囲でやっていこうとする。

この「身構える」というのが、新しい経済原理を理解するキーワードとなる。オバマプランのおかげで将来の増税間違いなしといわれる状況で、国債発行の上限を突破しそうになって国家がデフォルト間際にまで追い込まれ、アメリカ人は生まれて初めて米国債の格下げまで経験した。するとお金に困っていない人たちでも「何かヤバそうだ」と身構えて、お金を使わなくなる。予定していたヨーロッパ旅行をキャンセルするとか、冬場に三回行っていたスキー旅行を二回にするとか、皆がちょっとずつ削る。個人消費がＧＤＰの七〇％近い先進国経済ではこの「身構える」心理が経済実勢に多大な影響を与えるのだ。

小金持ちが気前よく金を使うようにさせる

蓄えのある先進国ではマクロの経済政策よりも消費者や経営者の「心理」が経済を大きく動かす。それが二一世紀の経済の新しい原理として私が提起してきた「心理経済学」なのである。

一五〇〇兆円という日本の個人金融資産は、超低金利でも高利回りの運用に回らず、消費に使われて市場に流れ出すこともなく、ただひたすらに銀行預金や郵便貯金などで眠らされてきた。これは純粋に「心理経済学」の問題で、「失われた二〇年」の底流で日本人の不安心理が膨らみ続けてきたからだ。国民の消費マインドが凍てついているから、金利を下げても、定額給付金や子ども手当のようなバラマキをやっても、経済波及効果はほとんどないのだ。

政府は二〇世紀的な財投と金利を重視した経済政策と決別して、心理経済学に切り替えなければいけない。国民心理を温めることを第一に政策を考えるべきだし、当然、一国のリーダーが暗い顔をしていては話にならない。国民の財布の紐は固くなるばかりである。

心理経済学の観点から正しいリーダーシップを発揮した好例は、アメリカのクリントン元大統領だ。持ち前の明るいキャラクターで、インフレ退治を理由に金利を上げた。二〇世紀の経済学の教科書によれば、利上げは景気を抑制する方向で作用するはずだが、結果は逆。世界的な低金利時代にアメリカだけ金利を高くしたから、世界中から資金が流れ込んできて、アメリカ経済は空前の活況を呈することになった。一時的に財政黒字を記録したほどである。

日本やアメリカのように資産リッチな成熟国においては、中流以上の資産を持っている層の心理をリラックスさせることが非常に重要だ。まず資産を持っている小金持ちが、「人生をエンジョイしよう」「家を建て替えよう」「別荘を買おう」「車を買い替えよう」「旅行に出かけよう」という気持ちになって消費を先導しなければ、経済はプラスの方向に進まない。

資産がある人にとっては、金利は高いほうがいい。資産が富を生むからだ。しかし政府が暗い顔をして金利を上げたら、いくら富が増えても身構えて貯蓄に回されてしまう。クリントン元大統領のような明るさが大事なのだ。

この二〇年の日本人の心理的な冷え込みを如実に示しているのが、娯楽産業の数字である。かつては三〇兆円産業といわれたパチンコが今や二〇兆円を切り、ピーク時には四兆円あったＪＲＡ（日本中央競馬会）の売り上げは二兆円台に落ちている。

パチンコや競馬から離れていったファンを少しでも取り戻すにはどうしたらいいか。私だったらパチンコ屋や競馬場というロケーションに関係なく、スマートフォン経由でパチンコや公営ギャンブルが楽しめるようにする。すべてがスマホに吸収される世の中、公営ギャンブルもスマホに開放するのだ。

将来に借金してまでバラマキ政策をしても、国民の将来不安が募れば何の意味もない。頭のいい政府であれば、お金を使わずとも創意工夫次第で国民心理を動かせる。

日本のように規制だらけの国では規制撤廃が一番手っ取り早い。

たとえば今、全国的に空き家が増えていて、多い県では空き家率が一五%以上ある。これを自治体が整備して、バケーション用の別荘のように貸し出せる管理運用会社をつくる。風光明媚な場所にある物件などは大いに流行るだろう。ヨーロッパやアメリカで冬季には南欧やサンベルト（米南部の温暖な地帯）に民族の大移動が起こる。日本でも冬の間には雪国から南国に数カ月単位で人が動くようになるだろう。

このように、眠っている資産を刺激するだけで経済は活性化できるのだ。そうした小さな（しかし楽しい）アイデアをたくさん積み重ねて国民心理を盛り上げていかなければ、「失われた二〇年」から脱出することはできない。

Strategy 02

「たとえばデンマークの人口は
約550万人。
北海道の人口もほぼ同じである。
しかし、デンマークには
質の高い農業や
小さなマーケット（ニッチ）で
世界トップクラスの企業が
10以上ある」

今、世界で本当に
隆盛を極めている
「クオリティ国家10」を見てこい
——スイス、デンマーク、
フィンランド、シンガポール等々

～2013年2月4日◉記～

日本は素晴らしい軟着陸国家である

二年前、私は世界には互いに連関した四つの地雷があると警告した。ヨーロッパの国家債務危機、リーマンショック以降低迷長引くアメリカ経済とドル危機、中国のハイパーバブル、そして日本のギネス級の債務問題。この四つの地雷は雷管が相互につながっていて、どれか一つが爆発すれば最終的には全部爆発して世界経済は吹き飛ぶ、と。

今の状況を個別に見れば、雷管が抜かれた地雷は一つもない。さらに大きく膨らんでいる地雷もある。ところが、考察を深めてみると、どの地雷も爆発はしそうにない。なぜ爆発しないのか——。最近の私の研究テーマでもあるのだが、一つの理由はそれぞれに「生命維持装置」が機能しているということだ。

たとえばEUはこの一年で何度も地雷を踏みそうになった。しかし、結局は財政支援を行う常設基金としてヨーロッパ安定化メカニズム（ESM）が発足し、欧州中央銀行（ECB）と合わせて一〇〇兆円規模の資金を確保できた。しかもECB総裁のマリオ・ドラギが、スペインやポルトガルのようなリスクの高い国債でも「ユーロを維持するためなら、無限に買う」と発言して、マーケットを一気にクールダウンさせた。日本の債務問題も完全にテクニカルノックアウトの領域なのだが、何だかんだと名目をつけて国債を発行している。市場の秩序を乱さないよう粘り強く、慎重に輪転機を回し続けているのである。

中国にしても今や民間企業の負債、地方自治体の負債、政府系企業の負債合計がGDPの二〇〇%を超えている。民間企業の借金だけでGDPの一〇〇%を超えているのだ。日本でいえば企業の負債が五〇〇兆円あるようなもので、これは永遠に返済できない。

そんなに貸し込んだら次は銀行が潰れるが、中国の銀行は国営だから潰さない。政府当局はAMC（資産管理会社）の発行する政府保証付き債券へと転換する形で買い取り銀行の不良債権をマジックのように消してしまった。

日本や中国と比べると、財政赤字の上限が議会で決められているアメリカはあからさまに輪転機をフル活用するわけにはいかない。それでも金融緩和と財政出動でアメリカ経済は延命を続けている。

「四つの地雷」という根本的な問題は何も変わっていない。しかし皆、自分から地雷を踏んで「〇〇発の世界恐慌」の責任を取りたくないから、知らん顔して、いわばゴムを伸ばして風船を膨らまし続けている。

昔の経済学でいえば、すでに〝詰んでいる〟状態だから、従来型のマクロ経済政策では何をやっても実体経済はよくならない。抜本的な対策も打てず、ゴムが伸びているうちは破裂しないという理屈で、inch by inchでゴムをストレッチさせているだけ。世界全体が過剰流動性の水瓶に水没している、といってもいい。皮肉な言い方をすれば、節度のない生き方については、日本はある意味モデル国家である。先進国で唯一、高度成長からソフトランディングして、二〇年間も低成長を続けてきた。スペインでは若年層の失業率は五〇%を超えて、あちこちで暴動が起きているというのに、日本の失業率はまだ四%台で社会不安も起きずに国が成り立っている。

この一五年であらゆる所得層の年収が一〇〇万円減っているのに、大規模ストなどの労働争議も起きていない。ホームレスは景気がいいといわれる韓国よりも少ない。日本は素晴らしい軟着陸国家なのだ。

「では、この先二〇年、日本は持つか？」というのは野暮な質問だ。私は「今のままでは日本は持たない」と思ったから二五年前に「平成維新」を訴えた。私の予言は外れたが、一つだけ正しかったことがある。それは国民の平均年齢が五〇歳を超える二〇〇五年を過ぎたら、改革はできなくなるということだ。

どんな組織でも平均年齢が五〇歳を超えたら〝変化〟を嫌うようになり、改革などという言葉自体が出てこなくなる。これまで私はそういう会社や市町村をいくつも見てきた。国家も会社のそれと同じで国民の平均年齢が五〇歳を超えたら国を変えよう、社会制度を再構築しようというインセンティブは急速に失われる。

そんな時代に「大阪維新」などと立ち上がるのは偉い奴である。しかし、一般大衆は「お、威勢のいいのが出てきたな」と高座を見ているような感じで、ムーブメントが長続きしない。

スイスやノルウェーを見習うべき

先進国の高齢化経済ではいくらマクロ経済政策でお金をばら撒いても市場が吸収しない。資金需要がないからだ。スペインはそれに気づいて、若い移民を受け入れる政策を採った。一時は勢いを取り戻したが、それが今度は大量失業につながり、社会不安の原因になってしまった。

積極的な少子高齢化対策を打っても二〇年しか持たないのなら、日本の場合、このまま静かに衰えていくのが、〝最適解〟なのではないだろうか。

このままジリ貧ということは人々の欲望も徐々に衰えていくわけで、気が付いたらコンビニ弁当が二〇円安くなっているようなデフレの流れと歩調を合わせて自然に衰退していく――。日本が中央集権国家として生きていこうとするなら、それが一番平穏な道なのかもしれない。

反対に国際社会の主要メンバーとして存在感を示し、日本人として誇りを持って生きたいと願うなら、ジリ貧を招いている官僚主導の中央集権体制の国家モデルを変えるしかない。

アメリカに追い付け、追い越せで走り続けた日本は、今や中国に抜かれてガックリとうなだれ、さらには背中から聞こえてくるＢＲＩＣｓやほかの新興国の成長の足音に怯えている。しかし、これからの日本が目を向けるべきはアメリカや中国でもなければ、ＢＲＩＣｓでもない。一人当たりＧＤＰの高い日本が、スケールやボリュームで日本を追い抜き、追い越そうとしている大国と張り合っても仕方がない。

今、世界で本当に隆盛を極めているのはＢＲＩＣｓなどの新興国ではない。スイス、デンマーク、フィンランド、ノルウェー、アイルランド、シンガポールなど、人口が約五〇〇〇万～一〇〇〇万人の小国である。それらの国々は政治のクオリティも教育のクオリティも、クオリティ・オブ・ライフ（人々の生活の質）も、あらゆる面でクオリティが高い「クオリティ国家」なのだ。

たとえばスイス。人口八〇〇万人弱程度だが、国民一人当たりGDPは世界トップクラス。国内市場は小さいが、船舶用エンジンで世界最大手のスルザー、重電のABB、食品のネスレ、人材派遣のアデコ、製薬のノバルティスやロッシュ、クレディ・スイスやUBSなどの銀行、とトップクラスの世界企業が揃っている。スイスの人件費は高いし、為替も日本円と同じくスイスフラン高だ。しかし、それで文句を言うスイス人はいない。為替で一喜一憂するのは三流国で、クオリティ国家はコスト高を言い訳にしない。高くても売れる競争力ある商品やサービスを提供しているからだ。

かつて日本メーカーの攻勢でスイスの時計産業は壊滅的なダメージを受けたが、今や売上高で日本メーカーはスイスの三大時計メーカーの足元にも及ばない。世界のトップブランドの時計はすべてスイス製だ。

クオリティ国家がなぜ強いのか。それを真摯に研究することが、ポスト中央集権の日本の繁栄につながると私は考えている。

たとえばデンマークの人口は約五五〇万人。北海道の人口もほぼ同じである。しかし、デンマークには質の高い農業や小さなマーケット（ニッチ）で世界トップクラスの企業が一〇以上ある。補助金漬けになって久しい北海道には自立できる産業は見当たらない。道州制の下、それぞれの地域がどうやって食べていくのか考える際に、世界のクオリティ国家は大いにイメージづくりの参考になるはずだ。ジリ貧でたそがれていくのもいい。しかし、クオリティ国家への道を夢見るのなら一〇ぐらいのクオリティ国家を訪れて、どうして彼の国でそういう産業が成り立っているのか、自分の目で見てこいと言いたい。

明治期の近代化モデルとも、戦後の加工貿易工業立国の国家モデルとも違う、クオリティ国家の新しいイメージができてくれば、それを実現するためにやらなければいけないことが自動的に見えてくる。安倍首相の唱えるアベノミクスは二〇世紀の古いマクロ経済理論に基づくもので、しかも日本全体を対象とした中央集権モデルである。これでは日本経済は反転しないし、人々に活力も出てこない。北海道はデンマークなどの研究をする代わりに農業を保護するためにTPP反対、と相変わらずやっている。補助金漬けにして農業の自立を妨げても日本がよくなる可能性はゼロだ。

最長不倒距離!で道州制を提案してきた私の立場から言えば、「統治機構の改革」や「道州制」という抽象的な概念だけでも状況は変わらない。そこに具体的なイメージを持たせ、新たなビジョンと道州間の競争が起こらなければ、日本は繁栄の道には戻れないと思っている。

Strategy 03

「難しいマクロ経済学は必要ない。
要は“3500万円持って
死んでいくことが
本当に幸せなのか”と
資産リッチな高齢世代が
自分自身に問いかけたくなるような
政策にすることが大切なのだ」

**アベノミクスより
すごい景気対策がある
──「お金を使ったら人生は
豊かになるし、子供や孫からも
感謝される」という方向へ**

～2013年3月4日◉記～

日本経済をダメにした元凶は、自民党政権だ

株高円安のご祝儀相場で順調なスタートを切った安倍政権。それに対して総選挙で大惨敗を喫してかろうじて生き残った民主党は、野党として方向性を示せないでいる。いくら「民主党を潰すわけにはいかない」と言っても、比例復活組が党代表になるご時世では、夢も希望もない。しかし、民主党にとって捲土重来を期す秘策がないわけではない。

二〇一二年の衆議院議員総選挙で国民にとって最大の関心事は「景気と雇用」だった。民主党が国民にそっぽを向かれた大きな理由の一つは、経済成長に関して無策だったからである。安倍政権の経済政策である「アベノミクス」に敗れたのだ。掛け声だけのリップサービスで株価を押し上げ、円安に導いた安倍政権だが、アベノミクスで日本経済が本当に再生できるのかが試されている。

図(五〇ページ)を見てもらいたい。一九九〇年以降、日米欧の成熟国でGDPデフレーター(実質GDPを算出するための物価指数)が下がり続けているのは日本だけ。つまり長期デフレが続いているのである。さらに名目GDPがフラットなのも日本だ

けで、このような先進国は、ほかに例がない。

　この二三年間の経済状況で、民主党が政権を担当したのはわずか三年半で、ほとんどは自民党政権。つまり日本経済をダメにした元凶は、ピークであった八九年以降の自民党政権が舵取りを間違ったからだ。この間、一三〇兆円もの公共投資を実施しながら、日本経済を押し上げることができなかった。

　民主党としてはその点を突くべきで、先進成熟国の中で日本経済だけが二〇年以上も沈み込んでいる原因を分析し、対策を国民に提示すべきなのだ。

　他国と比べて日本経済だけが異常な状況にあるのは、日本独自の原因があることを意味する。P・クルーグマンのインフレターゲット論を安易に持ち出す竹中平蔵氏のような輸

GDPデフレーター、名目GDPともに、日本は20年間世界の逆をいっている！

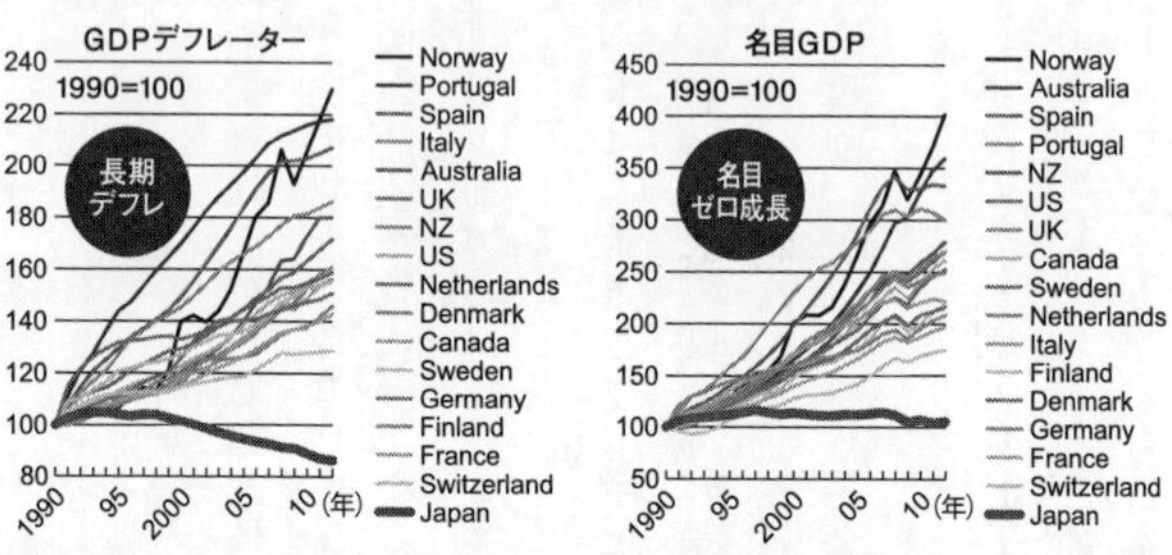

資料：World Economic Outlook Oct-2012（IMF）　©BBT総合研究所

入学者にしても、安倍首相の金融政策ブレーンに起用された浜田宏一エール大学名誉教授（内閣官房参与）にしても、どれだけ日本経済における問題の本質を理解しているかは、疑問だ。経済学者は過去の経済を分析して理論をつくるが、冒頭で述べたように日本経済の状況は世界に類例がなく、また二一世紀のサイバーやボーダレス経済を織り込んだ経済理論などないのだ。はっきりしていることはアベノミクスの「三本の矢」のうちの金融と財政は、「失われた二〇年」の間に自民党政権が行ってきた経済政策とまったく同じだし、メンツまで同じだ。

景気回復に成功した（と錯覚している）小泉政権時代にあやかって、竹中平蔵氏や飯島勲氏を政権に取り込むなどデジャビュもいいところ。上述の図で見たらわかるように小泉政権時代にも株価はともかく日本経済は落ち続けていた。三本目の矢である経済成長に関してはフランスもアメリカも結局、選挙公約だけで何ら有効な手が打てず、実際には財政削減で財政赤字を圧縮せざるをえない状況に追い込まれている。

民主党に捲土重来のチャンスがあるのはまさにこの点なのだ。二〇〇五年の郵政選挙において自民党は二九六議席を獲得して大勝したが、年金問題が争点になった二年後の参院選で民主党が躍進。さらに〇九年の衆院選では自民党は、一一九議席という大敗を喫して、民主党に政権を明け渡した。

日本人の〝民意〟は「郵政民営化イエスかノーか」「政権交代イエスかノーか」の単純選択で決まる傾向があるから、大勝から大敗に簡単に揺り戻しが起きる。すぐに記憶をゼロリセットする日本人にとって、オセロをひっくり返すような選択が三度起きない理由はどこにもない。要は同じような状況をつくり出せばいいのである。

民主党としては、政権を担った三年半の総括と反省をきちんとしたうえで、日本経済をここまで悪くしたのは自民党であると一大キャンペーンを展開し、「アベノミクスで同じ失敗を繰り返そうとしている、またもや無駄遣いで借金を増やすのか」と訴えるべきなのだ。もちろん、先進国で日本経済だけが異常な状況に陥っている原因を分析し、処方箋も提示する必要がある。

この問題を解決するためには、今の日本人のマインドを理解するところから始める必要がある。私が言うところの「心理経済学」である。

日本人は一五〇〇兆円の個人金融資産を持っているが、これがマーケットに出てくれば公共投資など必要ない。一五〇〇兆円の一%が市場に出てきても一五兆円となり、安倍政権が発足直後に閣議決定した経済対策費、一〇・三兆円の補正予算を軽く上回る。

景気回復のポイントは政府が何をやるかではなく、一五〇〇兆円の持ち主である個人が何をするかだ。それが政策の中心であるべきなのに、そのことに言及した政治家は一人もいない。

今の日本政府には金がない。金がない状態で国債を刷れば、そのまま国民の借金になり、国民が預けている金融資産を食い潰す。この矛盾した循環を断ち切り、一五〇〇兆円の金融資産が自然にマーケットに出てくるようにすることが、デフォルトを招かずに日本の景気を持ち直す唯一の方法なのだ。政府が使うのではなく個人が使う、というこの単純な図式を理解することが第一歩だ。

平均三五〇〇万円を墓場に持っていく

個人金融資産の八割以上は、五十代以上の世帯が保有している。しかし戦中、戦後の貧しい時代に育った高齢者世代というのは、貯蓄奨励で生きてきたうえに、政府を信用しない人たちだ。したがって、いざというときに備えて資産を使わずに、平均三五〇〇万円を墓場に持っていくのである。だから話は非常に簡単で、金を使う気にならない彼らの凍てついたマインドを溶かして、一五〇〇兆円の金融資産が買い出動するような政策を一つずつ出していくことに尽きる。

アベノミクスのような二〇世紀の金融緩和や財政出動政策では、一五〇〇兆円の個人金融資産はピクリとも動かない。「国土強靱化計画」で防災対策を施し、老朽化したインフラをつくり直しても、経済波及効果は見込めない。新しい橋を架けたり、トンネルを掘ったりすれば交通が便利になり少しは経済効果が見込めるかもしれないが、崩れかけたトンネルや壊れかけた橋を直しても、交通量は変わらない。一〇〇〇年に一度やってくるかもしれない津波のためにスーパー防波堤をつくっても、投資に見合った雇用が生まれるだけで経済誘発効果はゼロだ。九〇年代に自民党政権が公共投資でばら撒いた一三〇兆円が何の経済効果もない無駄遣いだったことは、福井俊彦元日銀総裁が認めている通りだ。

勤労貯蓄をよしとして生きてきた高齢世代にどうやってお金を使わせるか。その答えを導き出すのに、難しいマクロ経済学は必要ない。要は「三五〇〇万円持って死んでいくことが本当に幸せなのか」と資産リッチな高齢世代が自分自身に問いかけたくなるような政策にすることが大切なのだ。

彼らに「国が全部面倒を見てくれるとしたら、三五〇〇万円でやりたいことはないか？」と聞いてみればいい。答えはいくらでも出てくるだろう。

「家は建て直せないまでも、キッチンとお風呂場ぐらいは改修したいし、バリアフリーにしたい。でも改修費用が七〇〇万円もかかるから……」

こう思っている人に向けて、「家を五〇〇万円以上かけてリフォームした場合、その領収書を持ってくれれば、残りの人生は税金を納めなくていい」などの特例を設ければ、喜んでお金を使うはずである。

また日本の生前贈与は被相続人が亡くなったときに清算して相続税を支払わなければならない仕組みである。たとえば親の資産八億円から四億円を生前贈与されたとしても、相続税の支払いが大変だと思うから、親が死ぬ前に使うことは待とうとなる。せいぜい相続税を払って、残ったら使うくらいで、経済誘発効果のない生前贈与なのだ。

法定相続人でも愛人でもいいので、生前贈与されたお金を「使った」場合にそれらを証明する領収証があれば、その分は相続時に清算する相続財産の対象外にする――。こうした方向で相続税法を少し改正するだけで若い世代への生前贈与、つまり富の移転はもっと進むだろうし、そのお金がどんどん市場に出てくるはずだ。

しかし今後予定されている相続税の増税はこれらと発想がまったく逆である。最高税率を上げて、基礎控除を下げれば、資産家も小金持ちも財布のヒモを固くするばかりだ。

先行きどうなるかわからない将来不安の中で、「今、お金を使ってしまったらミジメになるかもしれない」と思っているから日本人は貯金に手を付けない。その気持ちを「お金を使ったら人生は豊かになるし、子供や孫からも感謝される」という方向に変えることが大切で、そのアイデアなら拙著『大前流　心理経済学』（講談社）にいくらでも書いてある。要は金を持っている人に使わせる政策に集中することである。民主党政権は逆に高校無償化や個別補償などで富の分配に拘りすぎたから景気が上向かなかったのである。

日本は世界で最も高齢化が進み、その高齢世代が個人金融資産の大半を握っている。その世代の心理を理解して、お金を使いたくなるような政策を提示できれば、アベノミクスが馬脚を現し始めたときに民主党にも再びチャンスが巡ってくる。

Side A

Strategy 04

「自分たちの商品が
スマホのアイコンになる
イメージが持てないから、
どうしてもモノを作ろうとする。
ゆえにこの5年で
日本のエレクトロニクス産業は
突然死寸前まで
追い込まれてしまったのだ」

下請けなのに、
なぜ台湾企業は強いのか？
――中国語、英語、日本語の
三カ国語を操り
世界のマーケットに通じている

～2012年10月29日◉記～

鴻海によるシャープの「買収」「救済」の本質

シャープの資本・業務提携の相手である台湾・鴻海《ホンハイ》精密工業のトップ、テリー・ゴウ（郭台銘）会長が二〇一二年八月末に来日。しかし提携交渉の状況を説明すると見られていた記者会見を急遽キャンセルして日本を離れた。

彼は「どこに行っても一〇〇人の記者に囲まれているような状況では落ち着いて話ができない」と語っていた。

経営不振にあえぐシャープと鴻海グループとの資本・業務提携が発表されたのは同年三月。シャープが六七〇億円の第三者割当増資を実施、これを鴻海グループが引き受けて、議決権ベースで九・九％を持つ筆頭株主になるというものだ。しかし、その後シャープの株価が約三分の一に急落したことなどから、出資額などの条件見直しを進めていた。

この資本・業務提携に関する話し合いが対等なものではなく、実質的には鴻海によるシャープの「買収」または「救済」に近いものであったことは両社の数字が物語っていた。

ＥＭＳ（電子機器の受託製造サービス）で世界最大手、ｉＰｈｏｎｅやｉＰａｄの受託生産が絶好調の鴻海の売り上げは、九兆七〇〇〇億円（二〇一一年一二月決算）。シャープはその四分の一強の二兆五〇〇〇億円（二〇一二年三月期）。売り上げで四倍、時価総額では一〇倍以上の違いがあったのだから、「丸ごと買収するぞ」と郭会長はシャープの幹部相手にすごんだともいわれているが、実際、ワケないのである。

シャープと鴻海の力関係は、エレクトロニクス分野で日の出の勢いの台湾企業と、凋落して投げ売り局面にある日本企業という現状をそのまま象徴している。

なぜ台湾企業は強いのか。日本企業は世界化の範を欧米に求めて、開発研究から設計、製造、販売まで自分たちで手掛け、ブランドを持ち、サービスまで自前で展開する垂直統合型のフルビジネスシステムを成長モデルにしてきた。

対して台湾企業は一つの機能に絞り込み、専門分野に特化することで競争力を磨いてきた。台湾のＴＳＭＣは世界トップのファウンドリー企業（自ら設計は行わず、発注元の回路設計に基づいて半導体を製造するメーカー）だが、台湾企業の多くはそうしたファウンドリー企業やＥＭＳメーカー、他社ブランドを製造するＯＥＭメーカーである。

鴻海にしてもＥＭＳメーカーとして製品を作り、自社ブランドを持っていない。意図的に自社ブランドを持たないことで、下請けとして信頼を勝ち得ているのだ。鴻海はアップルのｉＰｈｏｎｅやｉＰａｄ以外にも、他のほとんどの有力メーカーのブランドを手掛けているし、コンソールゲームマシンでいえば任天堂のＷｉｉもソニーのＰＳＰもマイクロソフトのＸｂｏｘも全部、鴻海が作っている。

そして彼らの競争力を裏付けているのが高い技術力だ。台湾メーカーというと日本から機械や基幹部品、基幹材料を買ってきて、中国で安い労働力を使って製造・組み立てをするチャイワン（中国＋台湾）モデルが強さの源泉とよくいわれる。しかし技術開発も相当熱心にやっていて、たとえば半導体の精密度に関して、ＴＳＭＣは二〇ナノミクロンという日本のメーカーには手が出せない領域まで到達している。

鴻海などは日本から学んだ技術を中国の会社に教えて日本よりもはるかに安いコストで製品化する、「技術のトランスファー」が常套手段だ。たとえば日本がリチウムイオン電池を開発した当初は日本の電池を製品に実装していたが、そのうちに中国の会社に日本製よりもずっと薄くて安いリチウムイオン電池を開発させる。

今やｉＰａｄの中に入っているリチウムイオン電池は中国製。研磨などの精密機械加工技術は日本の小林研業などの得意技だったが、それも今や鴻海を通じて中国で安くできるようになっているのだ。実際、鴻海の精密加工技術は日本のエレクトロニクス企業には見られないくらい高度なもので、アップルなどの信頼のもととなっている。

恐らく鴻海は日本企業よりも日本の購買事情をよく知っているだろう。彼らは「もっといいものはないか」と常にアンテナを張っていて、いいものがあれば買って教わり、間髪入れずに中国の会社にそれを展開して、安い値段で作れるようにする。発注の数量も半端ではないから、中国企業も一気に育つ。そうやって作り上げてきた鴻海の購買・生産チェーンは今や世界最強といえる。

あらゆるものが汎用化するデジタル時代においては、誰かが開発したものを少しでも安く作ったところが勝つ。

日本の技術や機械を素直に取り入れてブラッシュアップしてきた台湾のハイテクと中国の巨大なマンパワーが結びついたチャイワン企業の強みが生きるのだ。

アップルの隆盛により台湾企業も躍進を遂げた

近頃はOEMやEMSのみならず、「設計、デザインまでお手伝いしましょう」というODM（発注元のブランドで製品を設計・生産すること）が増えていて、スマートフォンなど複雑なIT機器は鴻海やASUS、HTCなどの台湾のエレクトロニクスメーカーに頼まないとすぐにはできない状況になっている。唯一の例外は韓国のサムスンだろう。

今、技術的にも世界最先端の製品を世界最速で世に送り出しているのは台湾企業だ。注文を入れてから市場に出るまで数カ月。開発期間が最短九カ月、下手をすれば一年後の発売を目指して製品作りをしている日本企業ではとても太刀打ちできない。だからiPhone4、4S、5と次々と市場に新製品を投入しているアップルは鴻海以外に注文を出さない。鴻海にしてもアップルへの依存度が五〇%にもなっている。

iPhoneを分解してみれば心臓部の半導体チップはTSMC製だし、ハードは鴻海製である。一二年夏、アップルの株価が過去最高を更新、一九九〇年のマイクロソフトの記録を抜いて時価総額五〇兆円になったと報じられたが、アップルの隆盛によって台湾企業も躍進を遂げてきたといえる。TSMCの時価総額はルネサスの六〇倍にもなっており、いくらアメリカ投資ファンドKKRが買収したい、といっても今後の投資競争に立ち向かう体力は残っていないだろう。

日本企業は研究開発から製造、販売までのワンセットで単品のヒット商品を生み出すビジネスにこだわってきた。自社ブランドでラジオを作り、テレビを作り、カメラを作り、ウォークマンを作り、そしてDVDプレーヤーやビデオカメラを作ってきた。

しかし、長年、手塩にかけて開発してきたそれらの製品は、今やすべてスマートフォンのアプリになり、アイコンに収まる時代になってしまった。日本が何か素晴らしい製品を開発しても、半年から数年後にはスマホのアイコンになっているのだ。

もはやＷｉｉやＤＳ、ＰＳＰなどのゲームソフトはスマホに取り込まれ、スマホに載らないゲームは人がプレーしなくなりつつある。あえてコンソールマシンを買わない時代なのだ。

これがこの五年で起こったデジタル世界の現実である。その現実に日本企業はついていけていない。「あなたの会社が三〇年かけてやってきたことを集約すると、このスマホの三つのアイコンです」と経営者に言っても理解できない。事業部制を取っているところではいまだに各事業部がヒット商品を狙って汗を流している。自分たちの商品がスマホのアイコンになるイメージが持てないから、どうしてもモノを作ろうとする。ゆえにこの五年で日本のエレクトロニクス産業は突然死寸前まで追い込まれてしまったのだ。

いまだに「あいつらはオリジナルのものができない」と台湾企業を見下している経営者がいるが、勘違いも甚だしい。確かに多くのハード、部品、素材、組み立て・加工機械などは日本が得意のイノベーションで世に送り出すが、ネットワークとプラットフォームの時代にはそれらをすべて束ね合わせた者が勝利する。

中国語、英語、日本語の三カ国語を操る台湾勢は世界のマーケットに通じているし、日本の事情も知り抜いている。中国人の使い方も知っている。

台湾では技術者の給料は高いし、理科系で大学院にいくと兵役免除になることもあって、技術系の人材が次々と輩出されてくる。アメリカで起業する台湾人も多く、シリコンバレーとの結びつきが強い。彼らはシリコンバレーのネットワークをうまく使いながら最先端の技術をビジネスに結びつけている。ｉＰｈｏｎｅの開発者が集まっているカフェの隣の席には、いつでも台湾人の起業家やエンジニアがいるのだ。そこに日本人の姿はほとんど見えない。この距離感たるや絶望的だ。

主役はアップルやグーグルであり、それを取り囲むサポート部隊のほとんどが台湾勢。そして台湾勢の指示通りに動いているのが中国企業——というのが世界のエレクトロニクス業界の構図である。すでに舞台を降りた日本企業はいまだにリストラとコストダウンを繰り返しているが、カンナでいくら削っても収益という基盤には届かない。苦労している量販店同士が弱者連合を組んでいるが、ヤマダ電機にはかなわない。いち早く経営危機に陥り蘇寧電器に買収されたＬＡＯＸが中国でも活躍している。この姿が日本のエレクトロニクスメーカーの明日の姿と重ならないだろうか？

Strategy 05

「ネット時代の三種の神器は、
『ポータル』
『決済』『物流』だ。
この三つの分野を
しっかり握っているのが
アメリカの強み。今後日本は、
何でメシを食っていくのか、
いよいよ考えなければいけない」

新しい「日本のお家芸」を探せ！
——アメリカと同じパターンで、
日本も構造的な貿易赤字国に
なる可能性は非常に高い

〜2012年4月30日◉記〜

約二兆五〇〇〇億円の貿易赤字が意味するもの

二〇一二年一月に財務省が発表した貿易統計（速報値）によると、一一年度の貿易収支（輸出額と輸入額の差額）は約二兆五〇〇〇億円の赤字を記録した。この貿易赤字は、第二次石油ショックに見舞われた影響で生じた一九八〇年以来の三一年ぶりの数字だという。

東日本大震災の影響で自動車輸出などの落ち込みに加え、円高や世界経済の低迷によって日本からの輸出が減少し、さらに原子力発電所の停止で火力発電用の液化天然ガス（LNG）の輸入などが急増したことが、その理由として挙げられている。

しかし、日本における製造業の生産体制が復旧し、欧州などでくすぶりをみせる世界経済が回復すれば、日本は再び貿易黒字化を果たせるのだろうか。いや、そうはならないだろうというのが私の見方だ。むしろ今後、一層、日本の貿易赤字が続いていく可能性が高い。なぜならこれまで黒字を稼ぎ出してきた日本の貿易構造そのものが、今までと違い、大きく様変わりしているからである。

リーマンショックと資源高の要因で日本の貿易収支が悪化して、二八年ぶりに単月赤字を出した〇八年当時から、日本の貿易構造は変化して、これからは構造赤字になるという警告を私は発してきた。『プレジデント』誌連載（〇九年六月一日号「日本のカラクリ」）でも「二八年ぶり赤字転落！　貿易立国・日本の非常事態」で同問題を取り上げている。その中で、かつてのアメリカ経済のように、日本でも企業の海外現地化が進み、海外でつくられた製品が日本に入ってきて貿易黒字を減らす逆転現象である「日本企業のアメリカ化」が起きていると指摘したのだ。

今回の貿易赤字転落により、日本の貿易構造がどう変わったのか、説明しておこう。日本が対米貿易黒字だけで月額五〇〇〇億円も稼いでいたこれまでの約二〇年間、フレッド・バーグステン（元財務次官補、米国際経済研究所所長）やレスター・サロー（経済学者、MIT名誉教授）などといった米国財界の大物は、「為替レートを変えれば日米の貿易不均衡は是正できる」と盛んに主張していた。

しかし為替を操作して貿易バランスを均衡させるという主張は、「心理経済学者」である私に言わせれば、四則計算の〝算数〟の世界の話にすぎない。実際、一ドル三六〇円が二〇〇円になっても、一〇〇円を切って八〇円を割り込んでも、日本は貿易黒字を稼ぎまくってきた事実があるからだ。そして為替が、円高に振れれば振れるほど、日本の企業は、以下の三つのことを行って円高を乗り切ってきた。

一つ目は、製品に新たな付加価値を生む「製品イノベーション」である。この〝イノベーション〟により、製品をさらに高機能化、高付加価値化を実現させることで、ドルベースで値段が高くても売れるようにしてきた。

その典型的な輸出品が自動車である。かつて日本の輸出車の一台当たりの平均価格は、一万三〇〇〇ドル程度だったが、イノベーションの連続で、いつの間にか高級車のセグメントが〝主戦場〟に変わり、平均価格が二万五〇〇〇ドルになった。八〇〜九〇年代の日本の商品には、価格に転嫁できるだけの技術力、競争力があったのだ。

二つ目は製造業における生産性の向上である。たとえば一〇人で作業していた工程を三人に減らして、機械に置き換える機械化。あるいは労働力を一人から数人の作業員が部品の取り付けから組み立て、加工、検査までの全工程を担当し、〝多能工化〟することで、生産性を高めてきた。

そして三つ目が、生産地を分散化させ、多国籍化することだ。製造生産拠点を、円ベース以外の地域に持っていくのだが、一番いいのはアメリカ本土に生産拠点をつくることだ。そうすれば同じ国で部品を調達して、同じ国で売れ、為替の影響を受けることがなくなる。

通貨が、円とドルの中間の動きをする東南アジアにも日本企業は、生産拠点を築いた。たとえアメリカが、数量制限や超過課税で日本からの輸入量を絞ったとしても、第三国をバッファーとして活用すれば、影響を少なくすることができるからだ。

一〇円円高が進行すると、日本の大企業では二〇〇億円の損失が生じるなどと、日経新聞、経団連などは大騒ぎするのだが、円高が収益を直撃するのは半導体のようなコモディティ（農産物や石油など、価格差がつきにくく、為替変動が価格を大きく左右する商品）を生産しているエルピーダメモリのような業種で、日本の輸出の主力産業にとっては影響なかった。

一〇〇兆円の外貨準備を大切に使う時代になる

このように度重なる円高にも持ちこたえてきた日本の貿易構造そのものが、変わってきたのは五、六年前からである。日本企業の生産拠点が海外に移転する動きが加速するに従って、急速に台頭してきたチャイワン（中国＋台湾）企業などに生産を委託するようになった。これにより、日本国内から工場が消え、国内生産が急速に縮小し始めたのだ。

前述のような貿易黒字の方程式が成り立つのは、一定規模で一定量の製品を国内で生産する条件があってこそ。今や日本の家電メーカーなどは国内ではほとんどモノをつくらなくなった。それでも国内にブランドと販売網は維持しているから、これらメーカーの商売の実体は、〝輸入商社〟の形に近くなっている。

日米貿易不均衡がピークの八〇年代、クライスラー再生の立役者といわれた会長のアイアコッカは「イエローペリル（黄禍）」と呼んで日本製品を大バッシングした。しかしクライスラー復活のカギになったのは三菱自動車のOEM（相手先ブランドによる受託生産）供給がうまくいったためで、当時のクライスラーは、日本車の最大の輸入業者だった（アメリカでの自社生産も実は国境の向こうのカナダであった）。

だから、今、日本で起きている状況もかつてアメリカで起こったことと基本的には〝同じ構造〟なのだ。日本のメーカーが海外で生産した製品やOEM製品が、どんどん日本に入ってきているが、貿易統計上は、輸入にカウントされてしまい、これが貿易黒字を減らす大きな要因になっている。

さらに、これまで日本のものづくりを支えてきた部品生産も、急速に海外に流出している。たとえばかつての部品クラスター（集積地）のメッカ東京都大田区には、今や最盛期の四分の一程度の二〇〇〇社ほどしか残っていない壊滅的な状況である。逆に、中国の広東省には日本や韓国の部品メーカーが集まった巨大な産業のクラスターが生まれているが、国内にわずかながら残っている日本の部品産業は、その競争力を失いつつある。

今や国内でものづくりをしようにも、必要な部品を国内だけでは調達できず、大部分を輸入しなければならない状況なのだ。つまり国内メーカーが地場の部品ではなく輸入部品を使う、これまた輸入促進に荷担する側に回ってしまっているのだ。

第二次世界大戦後、生産拠点の最適地を求めて、海外に出ていったアメリカの企業はといえば、その後ドル安になってもアメリカに戻ることなくどんどん世界企業化していった。今、海外現地化している日本企業のターゲットは、世界市場であり、円安になっても決して日本に戻ってくることはない。

一一年に起きたタイの洪水で日本企業は大きな被害を受けたが、タイを逃げ出す企業は出てきていない。それどころか必死で復旧し、さらに大規模な投資を発表している。サプライチェーンができたタイからそう簡単に抜け出せないのだ。このことから考えても、アメリカと同じパターンで、日本も構造的な貿易赤字国になる可能性は、非常に高いのだ。今後、原発が停止したままなら、代替エネルギーの輸入が増えるだろう。そうすると、月額五〇〇〇億円の黒字から、一兆円近い貿易赤字が常態化し、日本が、これまでの貿易黒字でためてきた一〇〇兆円近い外貨準備を、大切に使わなければいけない時代になる。

日本の製造業のアメリカ化、貿易構造のアメリカ化を、とめる術はない。この動きを、〝物理現象〟として理解し、頭を切り替えるしかないのだ。

問題は、空洞化する国内でいかに新しい産業をつくり出していくかである。

では、このような状況下で八〇年代のアメリカはどうしたか。レーガン大統領のもと、金融や通信、物流分野の規制撤廃を徹底的に行ったのだ。その結果、「ソフトウエア」や「金融」などの新しい産業が花開き、空洞化の穴を埋めた。

私は次世代のカギを握るネット時代の三種の神器は、「ポータル」「決済」「物流」だと考えている。そして、この三つの分野をしっかり握っているのがアメリカの強みだ。日本の場合、製造業に代わるお家芸が生まれていないし、他の産業を育てる政府レベルの努力も全然足りない。もともとソフトウエアやサービス産業が弱点だった日本で、今もってこの分野でグローバル化を果たした日本企業は数少ない。

今後日本が何でメシを食っていくのかということを、いよいよ考えなければいけない時代にきているのだ。一二年三月の貿易収支が黒字になったといって「回復」を解説してみせる程度の政府も問題だが、現状維持に甘んじて、新しいものを何も生み出せない企業も自覚が足りない。それが、大問題なのである。

Strategy 06

「“一泊二食付き”などという
世界で競っていては、
観光立国など夢のまた夢。
アジアの若い女性なら
観光地なんて全然興味はない。
彼女たちが見たい日本は、
圧倒的に**渋谷109**だ」

世界の滞在型旅行業は
自動車産業より市場規模が大きい
——違和感だらけの
「一泊二食付き」から脱却し、
「滞在する」発想を持て

〜2011年8月29日●記〜

大震災と原発事故で激減した外国人観光客

「観光立国の実現」は、二〇一〇年六月に閣議決定した政府の新成長戦略のスローガンの一つだった。同年に日本を訪れた外国人の数は約八六〇万人。これを一〇年後の二〇年初めまでに二五〇〇万人、将来的には三〇〇〇万人にまで増やそうという目標を掲げたわけだ。

しかし、三・一一以降、外国人観光客の数は激減し、日本政府観光局の発表によれば一一年三月の訪日外国人数は前年同月比五〇・三％減で過去最悪の落ち込み幅を記録。震災後の三月一二〜三一日にフォーカスすれば七三％減となり、ほとんど壊滅状態だ。外国人観光客の中でも、世界中で存在感を高めているのはやはり購買力が高い中国人。溝畑宏・観光庁長官（当時）もトップセールスで北京を訪問するなど中国人観光客の回復に躍起になっていた。

中国から日本への観光客数は年間約八〇万人。「観光立国で三〇〇〇万人」という目標を掲げるなら、経済成長に伴って今後も拡大が予想される中国人観光客の取り込みは欠かせない。

中国政府は亡命防止のために団体旅行しか許していなかったが、ようやく〇九年七月から規制緩和によって個人旅行の制限が外された。今の中国は、ちょうど日本の団体旅行客がハワイに殺到した一九七〇年代の第一期海外旅行ブームのような状況で、今後は個人旅行が加わって第二、第三の旅行ブームが押し寄せてくるだろう。

中国人に人気の地域は北海道で、一二〜三月の札幌のホテルはどこも中国人で満員だ。日本人が憧れのハワイでダイヤモンドヘッドを見て、海ではしゃぎまわるように、彼らは北海道の大自然を満喫、中国ではあまり降らない雪と戯れ、雪祭りを愛でているのだ。

もちろん富士山や秋葉原などは人気の定番スポットだし、ゴールデン・ルートに組み込まれている。近頃は軽井沢や白馬などでも中国人観光客をよく見かけるようになった。第二次、第三次の海外旅行ブームで日本人がハワイから米本土に観光スポットを広げていったように、国内を自由に観光できる個人観光客が増えればいずれ年間一〇〇〇万人に届いても不思議ではないと私は見ていた。

そこに降りかかってきたのが震災と原発事故だったわけだが、このタイミングで日本は二つのミステークを犯している。

一つは中国人向けの個人観光ビザ（査証）を一般化しなかったことだ。

中国人観光客に発給されるビザには所得制限がある。以前は年収二五万元（約三五〇万円）以上で、溝畑長官（当時）は外務省に対して発給要件から年収制限を撤廃するように要請していた。一〇年七月一日以降、年収一〇万元以上または主要なクレジットカードのゴールドカード所有者という発給要件に緩和されたが、年収制限を完全撤廃していれば、震災や原発事故による観光客数の落ち込みはもう少し抑えられただろう。

もう一つのミステークは中国当局や世界に対して、日本の西半分や北海道は安全であるというメッセージをいち早く発信しなかったことだ。日本全体が危ういような誤解を与えたために、中国当局は日本への観光旅行を全面的にストップした。一一年六月からこれが解除されて客足は戻ってきたが、それは旅行のパッケージ料金を半値以下に下げて呼び込んだからで、日本の観光業としては儲けになっていない。

以前のように中国人観光客を日本に呼び戻せるかどうかは、正直、微妙なところ。たとえば、香港は中国人にとっては海外旅行扱いとされビザが必要だが、それでも香港を訪れる中国人は年間一三〇〇万人に達している。

それから台湾。戦後長らく台湾を訪れる外国人観光客数は日本が一〇〇万人くらいでトップだったが、ついに一〇年、中国が一五〇万人を突破してトップに躍り出た。

中台間の「三通（通信、通航、通商の開放）」が実現して、今や大陸からの直行便は週に五三〇便を数える。早晩、台湾への中国人観光客の数も一〇〇〇万人規模になるだろう。

観光が完全自由化されている韓国の済州島も中国人観光客が圧倒的に増えているし、かつて日本人が大勢闊歩していたオーストラリアのゴールドコースト辺りでアジア人を見掛けたら、今や三人に二人は中国人だ。アメリカやタイも中国人旅行者が急増している。

いつまでも震災と原発事故の痛みを引きずっていたら、観光の面でも日本はバイパスされるだけなのである。

世界的に見れば「デスティネーションツーリズム」、いわゆる滞在型旅行業というのは自動車産業よりも市場規模が大きい。世界の先進国で旅行に費やされる金額を合計すると、自動車に費やす額より大きいのだ。減価償却も含めると自動車の維持費は年間六〇万～一〇〇万円くらいかかるが、欧米でそこそこ充足した生活をしている層は年間で旅行に一〇〇万円くらいはかける。その多くは忙しく駆け回る観光旅行ではなく、一カ所に長期滞在するものだ。中国人も日本でのライフスタイルを味わえば〝滞在型〟になっていくだろう。

致命的に欠けている「滞在する」という発想

それだけ大きな産業ゆえに競争も激しいわけで、ITやWebと同様に世界の観光業は着実に進化している。ところが日本の場合、日本人観光客が世界で大歓迎された時期に外に出ていくことばかり一生懸命になって、外国人観光客を受け入れて満足させるような観光のイノベーションに知恵もお金もかけてこなかった。

だからどこの観光地に行っても、三〇〜四〇年前のコンセプトと寸分違わない。支笏湖に行っても、箱根に行っても、指宿に行っても、チープな看板や土産物店など寂れた観光施設ばかり。発展途上国・日本のままなのである。

だいたい日本の観光旅行の基本パッケージは、いつまで経っても「一泊二食付き」が原則だが、日本の旅館に泊まる外国人が一番困るのはこれだ。欧米では朝食が部屋代に付いているぐらいで、夜の食事まで縛られることはない。彼らはディナーを大事にしているから、宿泊施設近辺の美味しいレストランをしゃかりきになって調べる。そこでゆっくりディナーを楽しんで、夜もふけてからホテルに戻ってくる。それなのに旅館で、しかも半ば強制的に夕方六時、七時に食事を取らされるのだから迷惑千万のサービスとなる。

朝も九時までに朝食を済ませなければならないし、隣の部屋ではバキュームクリーナーでガーガー掃除を始めるから、ゆっくり寝ていられない。違和感だらけの一泊二食付きなのだ。もちろん食事も毎日同じだから〝滞在型〟などには対応できない。

観光立国して世界から旅行客を呼び込もうとするなら、きちんと顧客ターゲットを見定めて、競争分析をして、自分の戦略を立てなければならない。

ウェルカム・ジャパン（ようこそ日本）はいいが、日本の何を見せたいのか。日本にやってくる外国人が日本に求めているものは何なのかという基本的なマーケティングさえ現状ではできていない。たとえばアジアの若い女性なら観光地なんて全然興味はない。彼女たちが見たい日本は、圧倒的に渋谷109だ。上海やバンコクでは「109」の雑誌まで出ている。

要するに日本に何を求めているかという視点で顧客をセグメンテーションし、それにマッチした旅行のパッケージを提案することだ。中国人を呼び込むにはこれ、ヨーロッパ人を呼び込むにはこれ、というアプローチである。しかもそのパッケージにはテーラーメードの部分をたくさん残して、外国人観光客がそれぞれに「自分だけの日本」を発見できるような仕掛けをつくることがとても大切だ。

オーストラリア旅行に行くとオペラハウスの前で写真を撮ったり、エアーズロックで写真を撮ったりと、日本人は絵葉書で見た風景を「確認するためだけのような旅行」をする人が多い。対して北欧やドイツなどでは、自分で旅の行程を決めて、自由に山に登ったり街を歩いたりして、自分なりの旅の思い出を見つける「ディスカバリー型の旅行」をする人が少なくない。たとえば、外国人にはあまり知られていない飛騨・高山が、ドイツ人旅行者に人気のスポットだったりするのだ。

もう一つの戦略として、富裕層をターゲットにしたハイエンドの高級リゾートというパッケージもある。世界の高級リゾートは一泊二〇万円以上が相場。今や、タイのサムイ島にある「シックスセンス」やインドネシアやタイの「アマン」といったアジア発の高級リゾートが好調で、世界中のセレブたちから支持を集めている。しかし、このセグメントでも日本は完全に遅れて超後進国になってしまった。

美しい自然からファッションやサブカルチャーのメッカまで、日本は観光資源を持っていながら、海外からの観光客を呼び寄せるセンスや発想、さらに大規模リゾート開発が可能になるような規制緩和が決定的に足りない。一泊二食付き一万九八〇〇円のパッケージ、などという世界で競っていては、三〇〇〇万人達成などという目標は夢のまた夢となるし、仮に達成しても経済の波及効果は知れたものとなる。

Strategy 07

「持ちたがらないし、
買いたがらない
——“いつかはクラウン”
“いつかは持ち家”
といった成長期の神話は
完全に崩壊している。
そうしたマーケットの変化、
変質に対し、政府も日本の企業も
反応が鈍すぎる」

「ヒット商品」が出ない本当の理由
——今、一番まともな生活をしているのは
高校時代に成績が悪かったタイプ

〜2011年7月4日●記〜

なぜ、今の若い世代は物欲がなくなったのか

「シェアリング（共有）」のライフスタイルが浸透してきている。車を共有して使うカーシェアリングがカーライフの一形態として定着し、電化製品やベビー用品などを買わずにレンタルで済ます家庭も増えている。一つの家を複数の単身者が共有して暮らすシェアハウスが人気を呼び、モノばかりでなく、仕事を分け合うワークシェアリングも社会的なテーマになっている。

もともと江戸時代まで農村を中心とした日本のコミュニティでは相互扶助、沖縄の方言でいえば「ゆいまーる：結い回る（助け合い）」の基本はシェアリングだった。しかし近代以降、特に戦後の高度成長期を経て日本人はアメリカ型の大量生産・大量消費社会の豊かさを享受してきた。テレビや電話が一家に一台だった時代から、今やテレビも携帯電話もパソコンも一人一台の時代になり、「個の時代」も行き着くところまで行き着いた観がある。

私が子供の頃は、一個の卵を家族五人で分け合って食べた。一八〇ccの牛乳を兄弟三人で分け合って飲んだものだ。日本の一人当たりGDPが三〇〇ドルだった終戦直後

の貧しい時代である。卵一個、牛乳一本、一人で丸々いただけるなんて我々世代には夢のような話だった。電話も向こう三軒両隣で一台、「呼び出しですよー」という隣家の声も懐かしい。

モノが溢れかえっている時代に育った今の若い世代に物欲がないのは当たり前で、草食系だ何だと称しているが、要は環境に適応してしまったのである。貧しさや飢えを経験している我々世代は競い合ってモノを欲しがってきたが、今の若い世代は「モノは必要なときに使えばいいじゃん」と考える。シェアリングのほうが合理的なのだ。

だから彼らには持ち家信仰はまったくない。今から二〇年前の一九九〇年頃に三〇～三五歳だった都市部のサラリーマンの平均的な通勤時間は一時間二〇分という統計があるが、今どきの若い世代には〝ありえない〟数字。一日往復三時間も通勤にかけてまで何で郊外に家を持つのか、彼らには理解できないし、そこまでして行きたい会社などないに違いない。実際、今の日本の空家率は全国平均で一三％、山梨県は二〇％を超えている。気が付いてみれば都心に近いエリアにも空家はたくさんあって、そういう物件を買って新品と見紛うようなリフォームをしても一〇〇〇万円かからないケースはざらにある。一生かけても払いきれない住宅ローンを抱え、長距離通勤で寿命をすり減らしてまで一国一城の主になることに価値を見出さなくなるのは当然だろう。

税金だらけの車など誰も持ちたがらない

持ちたがらないし、買いたがらない、こう思っている生活者が日本では急速に増えている。そうしたマーケットの変化、変質に対して、政府も日本の企業も反応が鈍すぎる。

象徴的なのが「自動車」である。国内販売は不振の一途だが、自動車産業は依然として日本最大の産業であり、斜陽化を食い止めるためにも車の購入を促進するような努力を官民一体となってすべきだろう。しかし現実は逆で、相変わらず車は税金の塊だ。

購入時の見積書を見ると、車両本体価格の下欄に、まるでペナルティが与えられたかのように税金がついてくる。消費税、自動車税、自動車取得税、自動車重量税と税金オンパレードだ。そこに税金同等の自動車保険が加わる。しかも、若い人ほど保険料が安くなるなら車を買う気にもなるだろうが、逆に若い人ほど保険料は高い。それでいてメーカーがつくるのはおよそセクシーとはいえない車ばかりなのだから、車を買えというほうが無理な話である。

駐車場がない人は高額な駐車場代も負担しなければならない。たとえば二五〇万円で車を買った場合、一〇年乗ったら年間の減価償却は二五万円だが、今挙げたような維持費を考慮すると、一キロも運転しないで年間六〇万円かかる。走れば走ったで、リッター当たり五三円八〇銭のガソリン税に有料道路の通行料が別途かかるわけだ。経済的負担にウンザリして買ったばかりの車を売っても、日本の中古車は世界一値下りが激しいから安く買い叩かれる。買った瞬間に五年落ちとなるのだ。

さらに重荷になっているのが車検。新車の最初の車検は三年と多少は長くなったが、二回目以降は二年おきに車検費用が一二万円かかる。一〇年以降の車検は毎年だ。アメリカやオーストラリアでは車検代など二～三ドルの世界である。

車の所有者はなぜこれだけ理不尽な経済的ハンディキャップを背負わされるのかといえば、車は「贅沢品」と見なされてきたからだ。狭い国土や道路事情を勘案して、「車という贅沢品」を買うのだから、課税し、その他の負担を強いてきたのだ。

一一年四月の新車販売台数は対前年比四七％ダウンという記録的な下落を記録した。もちろん震災の影響は大きい。しかし、生産力が回復しても、販売台数が劇的に回復することはないだろう。トヨタ自動車の若社長がいくら「若者に合った車をつくりたい」と力んでみても、そんな車ができるはずはない。若者が欲しがるとしたらただ一つ、使いたいときに目の前にパッと出てくる魔法のような車なのだから。

いまだ成長神話にすがる大企業の愚

努力する方向が根本的に違うのである。私がトヨタや日産自動車のトップなら、持てる政治力のすべてを使って、課税を含めた車のランニングコストを安くする。一方で中古車の買い取り価格を高くして、少なくともアメリカやオーストラリア並みにする。維持費がリーズナブルになって中古車がまともに査定されるようになれば、車を持つペナルティも減り、楽しさも復活するだろう。また、そうでなければ日本の産業を支えてきた自動車業界は衰退期に向かって転がり落ちるだけである。

二言目には不景気のせいにするが、日本経済の長引く停滞の原因はそればかりではない。成長期の思い上がった戦略をそのままにして、政府や企業がマーケットの現実(消費者の懐具合と優先順位)に向き合っていないことが大きな問題であり、いくらもがいてもヒット商品が出てこない理由もそこにあるのだ。

「いつかはクラウン」「いつかは持ち家」といった成長期の神話が完全に崩壊していることを、実は生活者の多くは感じ取っている。自動車を買えば理不尽なハンディキャップを負わされることになるし、背伸びをして家を買えば住宅ローンに縛られてマイナス数千万円の負けから入るような人生になる。日本ではどんな家も買った途端に価値が一〇〇〇万円下がってしまうし、家を抵当に入れても銀行はまともに金を貸してくれない。法人はまだしも個人の場合、たとえば六〇〇〇万円で買った家を抵当に入れても、銀行は半分の三〇〇〇万円も貸さないだろう。「資産」どころか、住宅は「重荷」にしかならないのだ。

子供の教育にしても、大学まで出してやるのが親の務めという考え方はもはや通用しない。親の収入が激減して、脛がかじれなくなってきたからだ。加えて大学全入時代になると、大学に入る意味が本気で問い直されるようになる。職能を身につけるためなら専門学校のほうがいいという判断もあるし、欧米のように一度、社会人経験をしてから自分で稼いだお金で、あるいは自分で銀行ローンを組んで、大学に入り直すパターンも増えてくるだろう。しかしその価値のある大学が果たして何校日本にあるのか、という疑問は残る。

気が付いてみたら世の中はすっかり変わっていて、今、一番まともな生活をしているのは高校時代に成績が悪かったタイプだ。身の丈に合った職能を身につけて、等身大の人生を楽しんでいる。一方、高校時代は成績優秀、いい大学を出ていい会社に入って勤めた人ほど、出世競争の無間地獄を味わっている。競争に敗れれば将来の昇進昇給もなく、リストラの恐怖に怯えるだけ。競争に勝ち残っても、膨大な仕事に追い回され、無理して買った郊外の家から往復三時間の通勤で疲労困憊の日々。つまり成長期の出世コースを踏襲して背伸びして生きてきた人ほど、わりを食う時代なのである。

身の丈に気付いた人は車を避け、持ち家を避け、子供の教育に金をかけることにも疑問を感じ始めている。今回の震災で過剰な自粛意識が日本を覆ったのは、実は大多数の国民が自粛して生きることの必要性を心のどこかで感じていたからで、震災や計画停電は単なるエクスキューズにすぎなかったのではないか。

すでに崩壊した成長神話の残滓にすがっている限り、日本人は苦しみ続けることになるだろう。背伸びしても昇進と昇給で追いついてくる、という甘い発想からいかに早く「身の丈に合った」生き方、ライフスタイルに切り替えるか、が問われている。

Strategy 08

「これから先、グローバル企業の
アジア本部長に
誰がなるかといえば
間違いなく**韓国人**。
日本人は韓国人の上司に
レポーティングするのが関の山だ。
しゃかりきに
勉強しなくなった弊害は、
今後重くのしかかる」

なぜ日本人は、
かくも覇気がなくなったのか？
——諸悪の根源は
「競争させない教育」にある

〜2011年1月3日●記〜

人も国も劣化！「最小不幸社会」

日本社会の構造変化はさまざまあるものの、先行きが本当に懸念されるのは若い世代の覇気の低下、気合のなさである。〝草食化〟などと茶化されているが、これは相当に深刻だ。日米中韓の四カ国の高校生を対象にしたあるアンケート調査（二〇〇七年、日本青少年研究所）では、日本の若者の〝意欲〟の低さが浮き彫りになった。たとえば「生活意識」について。

日本「暮らしていける収入があればのんびりと暮らしていきたい」
米国「一生に何回かはデカイことに挑戦してみたい」
中国「やりたいことにいくら困難があっても挑戦してみたい」
韓国「大きい組織の中で自分の力を発揮したい」

「偉くなることについて」は、

日本「責任が重くなる」「自分の時間がなくなる」
米国「自分の能力をより発揮できる」「周りに尊敬される」
中国「自分の能力をより発揮できる」「責任が重くなる」

韓国「周りに尊敬される」「自分の能力をより発揮できる」
そして「偉くなりたいか」という質問に「偉くなりたいと思う」「強くそう思う」と答えたのは米国二二・三％、中国三四・四％、韓国二二・九％に対して、日本の高校生は八・〇％。

「将来就きたい職業」でも日本の高校生の上昇志向のなさが際立つ。米国が「医師」「デザイナー」「スポーツ選手や歌手」、中国は「会社・企業の経営、管理職」「公務員」「法律家」、韓国が「小中高校の教師」「会社・企業の経営、管理職」「デザイナー」に対して、日本は「営業・販売・サービス職」である。

こうした意識調査はほかにも行われているが、判で押したように同じ結果が出てくる。たとえば二〇一〇年春に入社した新入社員に対する調査では、どこまで偉くなりたいかという質問に「社長」と答えた人はほとんどいない。「取締役」も少なく、役職に就くと責任が重くなるから嫌という声が多数派を占めた。同じく、一〇年春に取締役になったビジネスマンに対する意識調査でも、やはり責任ばかり重いのに給料はあまり変わらないという理由で、ほぼ全員が社長になりたくないと答えている。

要するに今の日本人はどの層を切り取っても、坂の上の雲を目指した明治期や一九六〇～七〇年代の高度成長期のような目線の高さ、アンビションや野心がないのである。それは企業のIPO（新規株式公開）の数にも反映されていて、〇九年の新規上場企業数はわずか一九社。ピークが〇〇年の一八〇社だから一〇分の一に落ち込んでいる。〇九年に上場廃止になった企業が六〇社あるから、差し引きで上場企業の数は減っているのだ。

これに対して、〇九年の上場数約二〇〇社、上場予備軍が六万社といわれる中国はもとより、韓国、台湾、香港にも日本はIPOで追い抜かれている。私は「アタッカーズ・ビジネススクール」という起業家養成学校を一五年続けているからよくわかるのだが、新しく会社を興して上場しようという意欲はすっかり減退して、最近は熾烈な競争とは無縁なNPOやNGOを立ち上げたいという人が大幅に増えている。全員が全員、クリーンでグリーンな〝目付き〟でやってくる。人を押しのけてまで成功してやろうというギラギラしたタイプは皆無だ。この一〇年間で人種、染色体までが変わってしまった観がある。

若者をけしかけて起業、上場させることにかけては人後に落ちない起業塾の元祖の私が嘆息するほど、日本人の起業精神は萎えてしまった。今から一〇年ほど前、孫（正義）さんがナスダック・ジャパンを立ち上げたとき、渋谷でビットバレーの若手起業家を集めて大パーティーをやったが、三〇〇〇人が集まった。今やったら三〇人と集まらないだろう。当時の若手起業家も今や三十代半ばを過ぎているが、どこへ行ったやらである。その世代より二〇歳若い高校生の意識が前述の通りだから、彼らが大きな夢を持って日本経済を牽引するような大きな会社をつくり上げたり、アンビションを持って海外に雄飛することを期待できる雰囲気ではない。

日本の凋落とは対照的に、この一〇年で状況が激変したのが韓国だ。九八年の通貨危機でIMF（国際通貨基金）の管理下に入る屈辱を味わった韓国は、当時の金大中大統領が大胆な規制緩和で景気を刺激する一方、世界の舞台で活躍できる人材育成に国を挙げて取り組んだ。特に力を注いだのがIT化と英語教育。今や韓国のインターネット普及率は世界一で、中高年世代もネットを使いこなしている。英語に関しても、私が教授を拝命している高麗大学と梨花女子大学では、学生の入学時のTOEICのスコアは八〇〇点。サムスンに入社するレベルは九〇〇点だし、同社で課長になるには九二〇点が必要だ。

諸悪の根源は「競争させない教育」

そんな語学力抜群のビジネスマンを、BRICsの次のVISTA、さらにその下の新興国一〇〇カ国ぐらいにそれぞれ飛ばして国別の専門家を養成するシステムをサムソン等は一〇年前からスタートさせている。だから韓国企業はどこの新興国の市場にも明るい。

今の韓国は一〇年前とはまるで違う国になっている。勝ち組と負け組の格差や大企業志向がますます強まって、中小企業に人材や技術が定着しないなど、光と影のシビアな問題はあるが、韓国のエリートが世界で存在感を高めているのは確かだ。これから先、グローバル企業のアジア本部長に誰がなるかといえば間違いなく韓国人だろう。日本人は韓国人の上司にレポーティングするのが関の山だ。

かろうじて歯止めをかけるとしたら台湾人。台湾人は中国語と英語、さらには日本語をできる人も珍しくないから、国際的な舞台では圧倒的に強い。しかも成長やむことを知らない大陸（中国）を経済的に支配するビッグチャンスということで、ちょうどイギリス人が新大陸アメリカに渡った頃のような高揚感を今の台湾の人々からひしひしと感じる。

一〇年六月に中台の二国間で経済協力枠組協定（ＥＣＦＡ）が結ばれた。この企業の相互乗り入れを認めるＥＣＦＡに最も賛成したのは台湾の銀行。規模では中国の銀行のほうがはるかに大きいものの、ノウハウでは負けない自分たちが大陸でオペレーションを担うことができるという思惑があるからだ。メーカーにしても銀行のようなサービス業にしても、今の台湾企業は戦うスピリットを持っているし、大卒の半数近くは大陸での就職を希望している。

こうした中台の結びつきに強い危機感を抱いているのが韓国。韓国のメディアでは、連日のように「チャイワン（中台の企業連携を示す合成語）の脅威」が報じられている。

ところが日本では、経団連のお歴々から高校生まで危機感もなければ大志もない。日本の近代史でこれほど国民のマインドが萎えた時代はないのではないか。幕末の時代、徳川幕府は来るべき開国、あるいは諸外国との戦争という危機感や高揚感の中で若く優秀な人材を集めていた。幕府がアメリカに派遣した咸臨丸に乗っていた若き人材は皆、維新後に大活躍している。維新後も文明開化や日清・日露戦争などで高揚感を保ち続けた。第二次大戦の敗戦で数年間はシュンとしていたものの、朝鮮戦争で息を吹き返し、高度成長期を経て九〇年代初頭のバブル崩壊まではイケイケドンドンだった。世界第二位の経済大国に上りつめたのは、多くの国民が大なり小なり夢や志を持っていたからだ。

アンビションのなさと、ゆとり教育のおかげでしゃかりきに勉強しなくなった弊害は、今後重くのしかかってくるだろう。韓国も中国も台湾も近隣のアジア諸国は落伍者を生み出しながら、それでも際立った人材を輩出するシステムで世界的な競争に挑んでいる。にもかかわらず、わが日本国だけは「最小不幸社会」などと意味不明なスローガンを掲げて（菅直人元首相の時代）、内定がもらえない大卒者を税金で助けてまで落伍者の出ない夢のような共産主義社会をつくろうとしている。

累積債務が日本よりはるかに少ないイギリスが五〇万人の公務員の首を切り、警察官を二五％削減するというのに、日本はこの期に及んで四兆円を超える補正予算を組むのだから、これ以上のぬるま湯はない。稼ぐ力を失っているのに、考えるのは使うことだけ。日本人の蓄えも急速になくなっている。貯蓄性向も今では二％に減って、アメリカの六％に遠く及ばない。政府の無駄遣いをありがたく見ている場合ではないのだ。今の状況では制度から見ても、人材から見ても世界的な競争を生き残れるはずがない。

「政治主導」の「最小不幸社会」は、日本人の草食化を致命的なレベルまで進行させるだろう。

Strategy 09

「日本の企業や若い世代が
世界の**農業最適地**に
飛び出し、広大な農地と
日本の高い農業技術、
そして現地の労働力を活用して
農業を“**マネジメント**”する。
日本人がつくった農産物なら
安心して輸入できる」

「TPP農業問題」を
解決するただ一つの道
——日本の企業や若い世代は、
世界の農業最適地に飛び出せ

〜2011年1月31日◉記〜

日本の農業を壟《ろう》断《だん》した利権ありきの腐敗構造

過去、ウルグアイ・ラウンドなどWTO（世界貿易機関）の交渉で日本は頑なに自由化を拒み、適当な理由を捻り出しては例外措置にしがみついてきた。たとえば、牛肉は一九九一年に輸入が自由化されたが、口蹄疫やBSE問題などで厳しい制限を設けて現在は三八・五％の関税率になっている。もっとひどいのが食管法や食糧安保などを言い訳にしてきた「コメ」で、いまだに七七八％の関税率で守られている。

TPPに参加すれば、これらがすべてゼロになると覚悟しなければならない。海外の安価な農作物が流通すれば、競争力のない国内農業は厳しい状況に追い込まれる。民主党がマニフェストに謳った農家の戸別所得補償制度はバラマキとの批判もあったが、TPPを念頭に置いた農業支援策と解釈すればそれなりに整合する。

民主党政権時代、菅首相が法体系を見直してでも若者を送り込もうといった農業の未来とは、いつまでしてもらえるかわからない所得補償に頼らなければ食いつなげない世界なのだ。前途はあるが経験のない若者が飛び込むのだから、彼らが生き残る術を身につけるまでTPP参加を一〇年見送るというのなら話はわかる。しかし農業を強化するビジョンも方策もない現状のままでは、武器も持たせず戦場に送り込むに等しい。

日本の農業従事者の平均年齢は六五・八歳。米作農家に限ればもっと深刻で七〇歳近いはず。これについて菅首相は「わが国の農業は貿易自由化とは関係なく、このままでは立ちゆかなくなる」と懸念を示していた。しかし、担い手が若返れば廃れなくなるという次元の問題ではない。

前の自民党政権の最後の二〇年間、ウルグアイ・ラウンド対策として四二兆円を投じて農業基盤整備事業を行ってきた。それだけ使っても日本の農業の生産性は一向に上がらず、国際競争力も改善されなかったのである。それどころか、この二〇年で農業従事者の数は約九〇〇万人から五六〇万人に激減した。一方、耕作放棄地は約一五万ヘクタールから四〇万ヘクタールに拡大して、「土地持ち非農家」の割合が増えてきている。

この流れを助長しているのが農業従事者に対する「税制の優遇措置」。たとえば農地に関しては、農業従事者に相続税はかからない。相続者が三〇年間農業に従事すれば、相続税が免除されるのだ。また農業従事者は青色申告者と同様、一般事業者よりはるかに多くのものを経費に算入できる。海外旅行も農業視察と取り繕えば、経費で落とせるのだ。

私に言わせれば、まじめに農業に向き合ってもいないのに、農業利権だけは手放したくないという「農民もどき」が多すぎる。農業従事者の八割は兼業農家である。二割の専業農家がネット直販など新しい農業のスタイルを懸命に模索しているのに対して、兼業農家の多くはＪＡ（農協）におんぶに抱っこ。ＪＡに行けば肥料も農薬も手に入るし、生産物を持ち込めば平均的な値段で買ってくれる。

農作は国内に固執せず世界に羽ばたくべきだ

プロの専業農家はＪＡなど相手にしない。農薬も肥料も近所のホームセンターで買ったほうが安いし、どんなにいい作物をつくっても平均的な値段でしか買ってもらえないから、むしろＪＡを嫌っているぐらいだ。専業農家だけならＪＡなど必要ないわけで、ＪＡと兼業農家は互いに持ちつ持たれつの生命維持装置と化している。

兼業農家とＪＡの関係は農業利権だけで農政が成り立ってきた証しであり、集票マシンとして使うことに終始して国内に閉じ込めてきた農政の貧しさが日本の農業を先細らせてきたのである。そもそも日本の国土が農業に向いていないという問題もある。日本は国土の七五％が山地であると中学時代に習ったはずだ。

私はかねてから「農業は世界の最適地でやるべき」と主張してきた。肥沃なチェルノーゼム（黒土地帯）が広がるウクライナ、国土の二五％が肥沃で温暖な草原地帯パンパのアルゼンチン、アメリカのカリフォルニア州やアーカンソー州、オーストラリアのビクトリア州、中国東北部、タイなど、世界中の農業地帯を自分の目でつぶさに見てきた結果、そう考えるのだ。

ある農業最適地に日本の農家の人を連れて行ったことがある。見渡す限りの広大な土地に、考えられないほどの少人数で大々的に機械化された農業を営んでいる姿を見て、彼らは感動のあまり涙を流していた。

そうした大規模農業と比べたら日本の農業など家庭菜園のようなもの。生産性は比較にならない。たとえば日本で「一キロ五〇〇円」でつくっているコシヒカリが、オーストラリアでは「一キロ二五円」ほどで生産できるのだ。

TPPに参加すればこうした国々とハンディなしの〝対等な土俵〟に立たされるわけで、高齢化問題を云々する以前に勝負ありとなる。要するにTPPをやるということは、日本は「農業最適地から輸入する国になる」ということなのだ。

こういうことを言うと、「では、いざというときにどうするんだ」という反論が必ず出てくるが、農業を食糧安保論と絡めるのは間違っている。

そもそも日本に石油が入ってこなくなっただけで、コンバインも灌漑用水のポンプも止まる。つまり石油がなければ、日本の農業は一歩も動けなくなるのだ。コメを炊く燃料もない。食糧安保論はためにする議論で全く無意味なのである。

石油備蓄と同じ考え方で穀物などは半年分程度備蓄し、あとはアメリカ、アルゼンチン、ブラジル、ウクライナ、オーストラリア、カナダ、アジアならタイやミャンマーなどに生産地を分散して供給を確保する。これらすべての国に嫌われて交易できなくなるようなら、どのみち日本という国はおしまいである。

「五年後にTPPをやるから、この五年間で日本の農業技術を完璧にマスターしてほしい。そして五年後には世界の農業最適地に雄飛して、日本人の胃袋を満たすために頑張ってくれ。そのための資金ならいくらでも出す――」

本気でTPPを考えるなら、政府は農業志向の若者たちに向けてこう言うべきだろう。日本の企業や若い世代が世界の農業最適地に飛び出し、広大な農地と日本の高い農業技術、そして現地の労働力を活用して農業を〝マネジメント〟する。同じ日本人がつくった農産物なら安心して輸入もできる。「日本の農民は世界の農場経営者になるべきだ」――日本の農業の未来、食の未来はそうあるべきだと私は三〇年前から提言している。

Strategy 10

「診る側、診られる側、
双方が"入院"に
依存している日本は、世界の常識と
大きくかけ離れている。
日本では受益者感覚が強すぎて、
国民から医療費増大
ノーの声が上がってこない。
これこそが大きな問題だ」

うなぎ上りに膨れ上がる
国民医療費
――「病気を定義」で病院への
入場を制限し、
救急車の利用は早く有料化すべき

〜2012年7月2日◉記〜

救急車の利用は、早く有料化すべき

少子高齢化の進行とともに日本の医療費は増大の一途をたどっている。二〇〇九年度の国民医療費は三六兆円を突破し、前年度比三・四%増は、過去最高の伸び率である。

特に七〇歳以上の医療費の伸びが顕著だ。一九九七年度と比較すると、六五歳未満人口における総医療費は、約一五兆四〇〇〇億円から約一六兆一〇〇〇億円へと七〇〇〇億円増加した。そして七〇～七四歳における総医療費は、約三兆二〇〇〇億円から約四兆三〇〇〇億円へ増加し、一兆一〇〇〇億円も増加している。さらに七五歳以上に至っては四兆五〇〇〇億円もの大幅増だ。

前自民党政権時代、暫定的に一割に据え置いた七〇～七四歳の医療費の窓口負担だが、二〇一二年春先、当時の岡田克也副総理が「二割に戻させていただきたい」と語っている。つまり、一三年度以降に引き上げるべきとの認識を示したのだ。これは、選挙前というタイミングを考えれば、バカ正直な答えだが、まさに〝正論〟であった。

世界的に見ても、日本ほど医療費が無限に膨らんでいく仕掛けになっている国はない。スウェーデンやデンマークなどの北欧諸国においては高齢者医療費は無料だけでなく、あらゆる世代の医療費負担がゼロで、すべて国の負担で面倒を見ている。しかしながら、医療費が財政を圧迫するような状況にはなっていない。

これはなぜなのか。高負担高福祉で税金が高いこと以外に、もう一つ、制度的な理由があり、国として「病気の定義」をしているからだ。北欧では体調を悪くしても、いきなり病院は診てくれない。まず病院に電話をすると、症状を細かく聞かれる。そのうえで、「それなら病気です」という判断がなされなければ病院の診察予約は取れない。たとえば風邪程度の症状だと、「その場合はこの薬を飲んでください」とOTC薬（医師の処方なしに薬局で買える一般医薬品）を紹介されて終わりである。「インフルエンザかもしれない」と疑われて、ようやく病院診察のアポが取れる。このように、病気を定義することで、厳格に入場制限している。

日本の場合、これがほとんどノーチェックだから、何かといって病院に駆け込んでくる。日曜日のハイキングで足がむくんだぐらいでもご丁寧に診察して湿布を貼ってくれるし、鼻風邪程度でも病院できちんと薬を処方してくれる。

だから現状として、病院は暇を持て余した高齢者にとって格好のたまり場と化して、病気を治すより世間話をするために病院通いしている人もいる。そして農村地帯では稲刈りのシーズンが忙しくて年寄りの面倒が見きれないから病院に入れてしまえと

「農繁期入院」まである。病院を介護施設代わりに使っているのだ。また農村では腰が曲がった、と言ってくる人が激増しており、整形外科は他のどの医局よりも繁忙を極めている。

そんなことを野放図にやらせているから、医療費がうなぎ上りに膨れ上がってくるのである。先ほど述べたように医療費を国庫で賄っている国の多くは、病気を定義したうえで、入り口で相当にスクリーニングすることで、本当に必要な人だけが病院にアクセスできる仕組みにしている。たとえばテニスのやりすぎで肘が痛くなる「テニスエルボー」も、アメリカなどの国では「病気やけが」とは認められないから公的保険の対象外だ。もちろんそれでも痛ければ病院で診てもらえるのだが、医療費は自腹を切るか、プライベートな保険でカバーするしかない。

救急車の利用状況についても日本と海外では大きく違う。日本では救急車をタクシー代わりに使う不心得者が大勢いて、各市町村にとって救急車の出動が重たい財政負担になっている。救急車が一度出動すれば少なくとも二人の人員が必要となり、さらに頻繁な出動は、交通渋滞の原因にもなっている。

一一年末、橋下徹大阪市長が「救急車の利用を有料化する」と言い出していたが、今や有料化は世界の趨勢で、有料ではない国は日本、イタリア、イギリスくらいしか見つからない。たとえばアメリカでは都市によって値段が違うが、相場は二万円から四万円くらいである。ドイツやフランスも二万円以上で、オーストラリアは一万円程度で走行距離による従量制である。有料化すればタクシー代わりに使う119番通報は激減し、使用頻度は一〇分の一になるだろう。当然、公的負担は軽減する。

では本当に重い病気の場合はどうするか。有料制のいくつかの国では担ぎ込まれたときに「これは救急車で運ばれるべき病気やけがだった」と判定されれば、料金が請求されない仕組みになっている。だから迷ったときには救急車を使う、という判断ができる。日本も早く救急車の利用を有料化して、同じような制度に持っていくべきだろう。

元手ゼロの試供品を正規の値段で売る病院

日本では、「病気を定義せよ」「救急車を有料化せよ」などというと、決まって「弱い者イジメだ」という批判が出てくる。何をもって「病気」とするのか、どういう場合に救急車を呼ぶべきなのか、という線引きに関しては慎重な議論が必要だろう。しかしながら、あらかじめ病気の基準を前さばきする仕組みをつくっておかなければ、いずれ国庫が破綻するのは目に見えている。

国民の考え方も大きく変わらなければならない。市販の薬を買うより安いからという理由ですぐに病院に駆け込んだり、薬を処方しない医者をヤブ呼ばわりしているようでは、医療費をはじめとした〝社会コスト〟は抑制できない。病院でもらった薬や湿布を使い切らず、大量に余している家庭がどれだけあることか。

日本は世界のどの国と比べても入院する人の数が相対的に多く、入院期間も長い。アメリカなら盲腸は日帰り手術が多く、入院しても一泊程度。出産にしても帝王切開は別にして、自然分娩なら一日、二日で退院が普通だ。

病院にとって外来は、マーケティング部門のようなもので、稼ぎの元は入院患者である。だからベッド数の多い病院は外来を数多く取って、そのうちの何%を入院させるかで利益が出るかどうかが決まってくる。

さらに言えば、患者の側も「万が一」に備えて入院したがるので悪循環となる。結局、診る側、診られる側、双方が「入院」に依存しているのが日本の医療で、そこが世界の常識と大きくかけ離れている。

歯科医療にしても、日本のように虫歯治療を、七回も八回も分けて行うのは珍しいケースだ。アメリカの歯科医なら一個の虫歯なら治療一回で済ませる。逆に稼ぐためには歯の矯正やホワイトニングなどの美容歯科で評判をあげなくてはならない。

病院ごとに行われる血液検査やエックス線検査も、医療費の無駄遣いの典型だ。エックス線などは放射線の被曝量が多いため、回数はなるべく少ないほうがいい。しかし、他の病院で撮ったエックス線写真を持ち込んでも医者は受け付けない。現状においては、医療情報は患者個人のものというのは建前にしかすぎず、実際は、当該病院で行った血液検査とエックス線検査しか認めないのである。それは、血液検査とエックス線で病院側は、マージンが抜けるからだ。血液検査もエックス線検査も医療ポイントは決まっているが、実際はそれをはるかに下回る金額で、下請業者が仕事を行っているのだ。

処方を行うのは医師、調剤を行うのは薬剤師という「医薬分業」による院外調剤、要するに門前薬局で医者が処方した薬をもらう制度も、日本独特の〝おかしな〟制度だ。

薬について言えば、OTC薬、つまり安価な大衆薬が少ないのも大きな問題である。OTC薬が出回ると病院が儲からないから、日本では医者が処方しないと買えない医療用医薬品（ethical drug）ばかりとなる。世界中で一番売れているアレルギー性鼻炎の「クラリチン」も処方薬だし、鎮痛剤トップのニューロフェンやパナドールもOTC薬として買うことはできない。使い捨てのコンタクトレンズも医者の処方がないと買えない。アメリカやオーストラリアでは使い捨てコンタクトレンズは一年間は処方が要らないし、登録しておけば通販で買う方法もあるが、日本では通販サイトに安売り広告がたくさん出ているが正式には処方が必要だ。

そして会計窓口の隣で薬をもらえるありがたい病院もあるが、ここに儲けの秘密がある。そういう薬のかなりの部分は製薬会社が試供品として病院に持ち込んだものといわれているからだ。つまり元手ゼロの試供品を正規の値段で売っているわけだ。そうまでして儲けたとしても実際に利益を出している病院は少ない。これは業務系などの経営が前近代的で、かつ専門分野別の縦割り組織が効率を悪くしているからだ。TPPに一番反対しているのが医師会だというが、近代経営の欧米の医療チェーンが入ってきたらひとたまりもない、ということをよく知っているからだ。

このようにして病院が二重、三重に儲けたツケや業務改善をしていない部分が全部、国民医療費に乗ってくるのだから、医療費が際限なく上がるのは当たり前だ。医療制度は日本の「カラクリ」の最たるもの。普通の国なら国民がノーと言うのだが、日本は患者が病院で直接支払う金額はどこの国と比べても少ない。諸外国では取り敢えず患者が負担しておき、保険の審査を経て還付される場合がほとんどだ。一時的とはいえ患者が負担することで抑止力となっているのだ。一方日本では受益者感覚が強すぎて、国民から医療費増大ノーの声が上がってこない。これこそが大きな問題だ。

side B

平成の世直し運動

Strategy 11

「九条は勝手に
拡大解釈しておいて、
九六条だけ後生大事に
守る必要がどこにあるのか、
と一瞬開き直る、
ということが肝心。
九六条は、
憲法をアンタッチャブルにした」

憲法九六条は占領軍の最悪の置き土産 ——日本人一人一人がゼロベースの憲法を自分で書いてみよ

〜2012年7月30日◉記〜

「朝日新聞的戦後民主主義」の罠

憲法を変えるための具体的な手続きについて論じてみたい。第一次安倍晋三内閣時代の二〇〇七年、憲法改正の前提となる国民投票法（正式名称は「日本国憲法の改正手続に関する法律」）が成立した。自民党などからは憲法改正の準備委員会ができていろいろな試案が出てきているが、現行憲法を細かく一条ごと、チャプターごとに眺めて、「これをどう変えるか」という議論をしているようでは、話が前に進まない。

私はもともと、〝憲法改正〟には反対で、憲法をゼロからつくり直すべきとする「創憲（ゼロベース・コンスティチューション）」派である。二〇年以上前から、著書の『新・国富論』や『平成維新』（ともに講談社）の中で私が主張し続けてきたのは、日本人一人一人がアメリカ合衆国第三代の大統領で、「建国の父」の一人といわれるトーマス・ジェファーソンになったつもりで、「ゼロベースの憲法を自分で書いてみよ」、ということだ。

現代は、インターネットが発達したクラウドソーシングの時代である。たとえば一〇〇人の有識者が書いた憲法を、項目別に整理して議論してもいいし、一般国民の一〇〇万人が書いたものをインターネットサイトのウィキペディア形式でまとめてもいい。海外の憲法がどういう項目を盛り込んでいるか手分けをして調べてもいい。『平成維新』の中では五、六カ国調べたが、今なら世界との関わりに関して、マスメディアやITの役割について、あるいは教育に関して斬新な発想が盛り込めるのではないだろうか。

現行憲法の問題点の一つは、憲法の条文が、占領軍が〝やっつけ〟で作った英文を翻訳しただけにすぎず、意味不明な文章が多いことだ。たとえば憲法前文の中にこういう一文がある。

「そもそも国政は、国民の厳粛な信託によるものであつて、その権威は国民に由来し、その権力は国民の代表者がこれを行使し、その福利は国民がこれを享受する」

私からみれば、この日本語では何を言っているのか全然わからない。日本人自らがつくった憲法であれば、主語は「我々」となるはずで、「国政」のような抽象名詞を主語に使うことはないはずだ。「国民の信託がなければ国政はできない」と言いたいのかもしれないが、過去の経過からみても政府はほとんど厳粛な信託を受けておらず、日本は国政不在の国ということになる。そして、次にいきなり大上段からこうくるのだ。

「これは人類普遍の原理であり、この憲法は、かかる原理に基くものである」

憲法が人類普遍の原理に基づいているなら、改めて定義する必要がなく、イギリスのような「自然法」でいいではないか。こうした言い回しからは、占領軍が自らを権威づけながら、幼稚な日本人を教育してやろうという姿勢が見え隠れする。

「おい、日本人よ。古今東西、人類普遍の原理を教えてやるよ。主権在民だ。こんなもの世界の常識だぞ」と。

「日本国民は、恒久の平和を念願し、人間相互の関係を支配する崇高な理想を深く自覚するのであつて、平和を愛する諸国民の公正と信義に信頼して、われらの安全と生存を保持しようと決意した」

これもいかにも英語の訳文という文章で「人間相互の関係を支配する崇高な理想」と言われても意味不明である。「諸国民の公正と信義に信頼して」というのも、日本語として聞きなれない。

「われらは、平和を維持し、専制と隷従、圧迫と偏狭を地上から永遠に除去しようと努めてゐる国際社会において、名誉ある地位を占めたいと思ふ」

今どき、こんな国際社会がどこにあるのか。アフガニスタンやイラクでは、侵攻したアメリカが〝一番名誉ある地位〟を占めている現状をどう説明するのか。これも〝遅れた国〟に対して、〝先進的な〟思想を言い聞かせてやろうという態度が見え見えである。

「われらは、いづれの国家も、自国のことのみに専念して他国を無視してはならないのであつて、政治道徳の法則は、普遍的なものであり、この法則に従ふことは、自国の主権を維持し、他国と対等関係に立たうとする各国の責務である」

　この文章も主語と述語がバラバラで日本語として成り立っていない。憲法の精神を説き明かすために設けられた「前文」からしてこの有り様である。憲法全体の章立てから見ても「天皇」「戦争の放棄」「国民の権利及び義務」「国会」「内閣」「司法」「財政」「地方自治」の八項目と、「改正」「最高法規」「補則」という付録のような三項目で終わり。憲法全体の構成が不明で、体系化されていないから、矛盾や不備が目立ち、不要な条文もあれば必要な項目が全く欠落している、という状況である。「朝日新聞的戦後民主主義」が一世を風靡した日本においては護憲派なる主張が主流を占めたが、この連中は果たして憲法を日本語で読んだことがあるのだろうか？

　そして、最大の矛盾は、主権在民（「国民主権」）を謳いながらも、「象徴天皇」を第一章で扱っていることである。世界最長の天皇制は、自然法の中で二〇〇〇年以上も続いてきたものだから、国家と国民の関係を定義する憲法においては、天皇についての内容は取り扱うべきではないというのが私の考えだ。ましてや自民党の改正草案では天皇を「国家元首」として定義しているが、恐らく主権在民との論理矛盾に目をつむるつもりなのであろう。

憲法九六条は占領軍の最悪の置き土産

前出のように憲法を書き直すのではなく、日本人の手で新しくつくるべきだと私は考えるが、現実問題、現行憲法を変えるには高いハードルが存在する。

憲法改正の手続きは、日本国憲法第九六条によって規定されている。国会の発議に対して衆議院と参議院、それぞれの三分の二以上の賛成を得たうえで、国民投票によって過半数の賛成を得なければ、憲法は変えられない。

それ以前に、まず「憲法をこう変えよう」という改正案を誰が発議するのかだが、今の国会議員にそれだけの能力があるか、はなはだ疑問だ。新しい憲法を発案する能力がないため、結局今の自民党の作業PTがやっているように、現行憲法をベースにして誤文訂正みたいな作業を〝ちまちま〟やるしかないのだろう。

そして国会議員の誰かが、まともな憲法草案を国会に提出したとしても、今度は衆参両院で三分の二以上の賛成を得なければならない。憲法改正に関しては衆議院の優越が認められていないので、現実としてこれは厳しい。私から言わせれば、一九九六年に小選挙区制という愚かな選挙制度を導入したせいで、天下国家を論じる議員はほとんどいなくなった。そのため、衆参両院で三分の二の支持を取り付けるのは至難の業だ。

憲法第四六条には、参議院の任期は六年で、三年ごとに半数が選挙で改選される、と書かれている。もし何らかのムーブメントが起きて衆議院で三分の二以上の支持を得ても、次の選挙は参議院が先にくる。その場合、ブームの後の揺り戻しで、参議院では、前回大きく票を得た政党は支持を大きく減らすだろう。この行ったり来たりのヨーヨーのような状況が繰り返されれば、衆参両院で三分の二の支持を取り付けるのは、困難だ。この迷宮から抜け出すための政治的なテクニックとして、私が中曽根政権時代に提言したのは「衆参同時選挙」だった。

現在の衆議院の定数は四八〇議席である。しかしながら、小選挙区三〇〇議席と比例区一八〇議席の配分では、二〇人程度がまとまって反対派に回るだけで三分の二には届かなくなってしまう。憲法改正のような重要な問題を前にして、機を見るに敏な国会議員たちが直前になって反対票を投じて、「憲法改正を防いだ英雄」になることは十分にありえる。最近は憲法改正の議論がオープンになってきたとはいえ、いざ改正の直前になれば、〝相当な保守反動〟が起きると私は見ている。

このように憲法第九六条の手続きをまともに踏んでいたら、憲法は永遠に変えられない。ならばどうするか。ひとつの方法は憲法の中で改正の妨げとなっている九六条のみを変える法案を審議して両院とも過半数で通してしまうことだ。いまの憲法のおかしなところを熱心に説明していけば国民投票にかけても承認される可能性がある、と私は見ている。このやり方は「憲法違反」のやり方ではあるが、国民も現行憲法のおかしさに気がついて何とかしなくてはならない、と思うきっかけになる。

毎年のように議題に上る憲法第九条を見れば「戦争の放棄」「陸海空軍その他の戦力は、これを保持しない」と明確に書いてあるのにかかわらず、〝憲法違反〟の状態を長い間放置している。九条は勝手に拡大解釈しておいて、九六条だけ後生大事に守る必要がどこにあるのか、と一瞬開き直る、ということが肝心と考えている。

他国では憲法改正はどう論議されているのだろうか。たとえば、同じ敗戦国であってもドイツは戦後、五七回も憲法を改正している。フランス二七回、カナダ一八回、イタリア一五回、中国と韓国が九回、アメリカでさえ六回変えている。日本だけが、一度も憲法を変えていないのだ。憲法をアンタッチャブルにした九六条は、占領軍の最悪の置き土産である。憲法九条をさっさと放棄したように、九六条も一刻も早く放棄すべきで、それができないなら、もう一度占領してもらって書き直してもらうか、憲法を一時的な脱法行為でオーバーライドするしか道はない。

Strategy 12

「横浜や神戸が
カナリー・ワーフ型になるとか、
バッテリー・パークのように
生まれ変わるとわかれば、
世界中から**カネ**が集まる。
都構想を評価するのは、
世界のホームレスマネーを
呼び込めるからだ」

「都構想」「道州制」が
世界マネーを呼ぶ
――新潟州が誕生すれば
日本海側の中心地として繁栄が見込め、
福岡都も面白い

〜2011年4月4日◉記〜

新潟州や福岡都構想も登場!?

二〇一一年、都構想ブームが全国に広がりを見せた。政令指定都市の大阪市と堺市を解体して一二の特別区に再編するという橋下徹府知事（当時）の「大阪都構想」に続き、一一年二月のトリプル選挙を勝ち上がった河村たかし名古屋市長と大村秀章愛知県知事が連携して「中京都構想」を打ち出し、新潟では泉田裕彦知事と篠田昭新潟市長のコンビが新潟市を特別区に再編する「新潟州構想」を発表した。次は福岡あたりから「福岡と北九州を合併して福岡都に」などという話も飛び出してきそうな勢いだった。

こうした動きについて、私は二五年も前から「道州制」を提唱してきた。中央集権国家としての成長を終えた日本が、長期衰退を脱却して次なる成長のステップに踏み出すためには統治機構を変えるべきだと考えるからだ。地域ごとの統治機関を持ち、それぞれが世界中から資本や人材、技術や情報を呼び込んで繁栄を競い合う。そうでなければ日本に新たな活力は生まれてこない。

今、世界中で四〇〇〇兆円のホームレスマネー（先進国の余剰金やオイルマネーなど投資機会を求めて世界中を彷徨っている巨額の資金）の呼び込み合戦が展開されているが、日本は完全に取り残されている。「この国をこうしたい」という国家のグランドビジョンも戦略も見えない日本にホームレスマネーはやってこないのだ。

日本にはビジョンがないのが最大の問題だが、中央集権国家として衰退期に入った今日、国家としてのビジョンを描くのは難しい。また官僚たちは、国家ビジョンよりも自分たちの権益確保と省益拡大にしか関心がないので経済繁栄は二の次となる。だが道州となれば話は別だ。大阪都や中京都、新潟州など特色ある広域行政区域は、構想次第でホームレスマネーを呼び込む単位になりうるのだ。

たとえば私は「横浜を日本のヴェニス（ヴェネチア）にしよう」ということで、横浜ベイブリッジ内側のインナーハーバーの開発を手伝っている。

コンテナ輸送の隆盛で、横浜の港としての機能はすでにベイブリッジの外側（アウターハーバー）にある大黒や磯子のコンテナヤードに移っている。インナーハーバーは使われなくなった桟橋や古い倉庫などが取り残されて寂れていくばかり。地元・横浜翠嵐高校出身の私としては、故郷に貢献するのも良かれと思って、今から一六～一七年前に海と親和性の高い町として横浜を再開発するアイデアを提供した。水をキレイにして護岸や運河を整備し、横浜駅、新山下埠頭、みなとみらい、大桟橋、山下公園などをウオータータクシーやシーバスでつなぐ。ハイヒールで横浜駅に降り立った女性も、携帯電話でウオータータクシーを呼べば中華街や元町に水上から行けるのだ。ほかにも在日米軍の横浜ノースピアがある瑞穂埠頭をカジノ化したり、使っていない港湾施設が占拠している埠頭など水際のエリアを〝面〟で再開発して住宅地や商業地にする構想などもある。水上交通と組み合わせて羽田空港近くに昇降場をつくれば、羽田まで約二〇分という便利でロケーションも最高の町に生まれ変わる。その水路の両側は京浜運河だが、用途指定を変えて住宅街として再生することができる。

その絵をコンピュータグラフィックスで描いてみせたら、港運協会をはじめ地元の人たちは「これはいい」と大興奮した。歴代市長以下、行政の反応が鈍くて随分時間をロスしたが、ここにきて現市長の下でそれがようやく動き出したのだ。

実は港湾の再開発というのは世界中のテーマになっている。魚介類レストランが軒を連ねる米サンフランシスコの「フィッシャーマンズ・ワーフ」などは早くから観光地化に成功した事例だ。ニューヨークでいえばマンハッタンのダウンタウンにある「バッテリー・パーク」、イギリスならロンドン東部の「カナリー・ワーフ」がウオーターフロントの大規模再開発エリアだ。たとえばサッチャー政権の肝煎りで誕生したカナリー・ワーフは、今やシティのお株を奪ってイギリスの第二の金融センターになっている。旧シティとは地下鉄とハイウエーでつながっているし、シティエアポートという飛行場ができたおかげで、ヒースロー空港まで行かなくてもヨーロッパの主要な都市に飛べる。かつての寂れた商業埠頭が今や定住人口二〇万人の副都心である。

オペラハウスのあるオーストラリア「シドニーハーバー」も有名だ。海岸線ぎりぎりのところまでオペラハウスや商業ビルを建てて、古い倉庫を「ロックス」というレストラン街につくり替えて、すっかり世界有数の観光地に生まれ変わった。シドニーオリンピックのときにはそのすぐ後背地にあった倉庫街をダーリングハーバーとして開発し、今ではショッピング、レストラン、高級マンション、商業ビルなどが立ち並ぶ一大観光スポットとなっている。旧市街とはモノレールで一〇分ほどの距離である。

連携して知恵を絞り世界のカネを呼び込め

私は世界中の開発現場を見てきた港湾再開発の生き字引と自負しているが、うまくいっている再開発エリアはやはり世界中のカネを呼び込むことに成功している。そして、それは何といっても構想次第なのである。横浜や神戸がカナリー・ワーフ型になるとか、バッテリー・パークのように生まれ変わるということがわかれば、説明しないでも世界中からカネが集まるだろう。現に両プロジェクトとも紆余曲折はあったが、基本的には（外国人である）カナダのライヒマン兄弟が受託・開発したものだ。

私が地方から出てきた都構想を評価するのは、それぞれに世界のホームレスマネーを呼び込める可能性が大いにあるからだ。たとえば新潟州が誕生すれば、日本海側の中心地として大いに繁栄すると思う。ウラジオストクからガスや石油のパイプラインを引けば日本の化学産業基地となるだろうし、電力をロシアで発電してもらい柏崎・刈羽まで高圧直流で送ってもらえば東京電力と東北電力の送電網に直結できる。ハブ空港を一発つくってウラジオストク、ハバロフスク、ハルビンなど中国東北部と極東ロシアなどに飛ばせば、この地域の開発前線基地となり、人が集まる。その際はJR東日本が路線を延ばして空港に乗り入れるべきだろう。LED（発光ダイオード）を駆使した幻想的なハルビンの氷祭り、爽やかな夏のイルクーツクなど観光資源も豊富だ。

二〇一一年三月に全線開通した九州新幹線をもつ福岡都も面白い。中国、韓国にも近いし、酒や食べ物は美味いし、女性はきれいで、ショッピングモールも充実している。問題は政令指定都市同士の福岡市と北九州市の仲が悪いことだが、私に言わせたら目くそ鼻くそである。知恵がないのは一緒。仲違いしていても将来はない。一体となって東アジア展開の最前線として、アジアからヒト・カネ・モノ（企業）を呼び込むべきなのだ。

大阪都に関して言えば、私は大阪と京都は合併したほうがいいと思っている。合併して京都、あるいは「本京都」とでも名乗ればいい。「都は一つでいい」などと石原慎太郎都知事（当時）はボケたことを言っていたが、そもそも明治天皇は京都の名前を残したくて、東の京都、「東・京都」と命名したのである。本家は京都なのだから、「京都」もしくは「本京都」と堂々と名乗って経済的な繁栄を東京と競えばいいのだ。

大阪と京都が一緒になれば、広域行政区域として大変なパワーを持ちうる。大阪はもちろんのこと、任天堂、京セラ、日本電産、オムロンなど京都本社の世界企業も数多い。歴史的な観光資源は他の追随を許さないし、食事も美味い。京阪間には学園都市もあるから学術・文化の発信地として必要な素地はすべて揃っている。

実は関西圏というのは商圏でいうと世界四位の規模を誇っている。GDPで比較するとロンドン、ニューヨーク、東京、そして関西の順。経済力でいえば、香港や上海よりも関西圏のほうが上なのだ。ちなみに大阪・梅田は世界有数の商業集積地。百貨店などでの高級品の購買力も関西は非常に高く、富裕層の懐が暖かい。地盤沈下と言われて久しいが、関西圏は本来ポテンシャルが高いのだ。

最大の問題はやはりコンビネーションである。「関西は一つ」と言って道州構想を打ち出したのは故・松下幸之助さんくらいのもので、関西の自治体同士は仲がよろしくない。自分が関西の中心と思っている府県が大阪、京都、兵庫と三つもあるし、公家と商売人の間柄で京都と大阪は互いに対抗意識が強い。大阪府の中でも堺は歴史的にひと癖もふた癖もある。これを一つにまとめることができれば、売り出し方次第で関西圏は世界のホームレスマネーを呼び込めるはずだ。日本は「均衡ある国土の発展」という田中角栄元首相の呪縛に縛られてきた。「均衡ある国土の発展」を追い求めてきたがゆえに、自然の海岸線は五〇％も消失し、コンビニ弁当のように、こまごまと具を並べたてた魅力のない都市の集合体となってしまった。バブル崩壊以降、緊急経済対策に三〇〇兆円を投じても、五〇〇兆円という日本のGDPはピクリとも上向いていない。もう税金は使えないのだから、「均衡ある国土の発展」の呪縛から脱却して、関西は関西で、九州は九州で世界地図の中に自分の立ち位置を描くべきなのである。

〝都〟が五つぐらいあったら、日本にいいアクセントがつく。霞が関は彼らが発展するための自立と自由を与えるべきだ。そうすれば、それぞれが独自の構想で世界からカネを引っ張ってこれるようになる。日本が大きく変わるきっかけになるはずだ。その実験を経て念願の「道州制」構築に進んでもいい。いきなり統治機構全体を変えるのは難しいので先行事例をまずいくつか作る。変わり者知事や市長の動きを見て、「元祖」道州制論者の私もそう思い始めている。

Strategy 13

「日本の堅牢な中央集権制を
打ち破る突破口として、
独自の行政構想を
打ち出している変人知事や、
変人市長に権限を与えて
自由な発想で都市開発や
産業政策をやらせよ
——これが“**変人特区**”
構想だ」

「日本版一国二制度」の始まり
——中国では統制経済と
市場経済の共存で火を起こし、
燎原の火の如く全国に広がった

～2012年1月30日◉記～

大阪、名古屋、新潟……「変人」トップの時代だ

二〇一一年一一月に上梓した『訣別』（朝日新聞出版）は平成維新以来、私が唱えてきた国家戦略、政策提言の集大成といえる一冊である。政界にもそれなりにインパクトがあったようで、当時、民主党の大臣からも「あの中の一つでも二つでも実現したい。協力してくれ」と声をかけられた。『プレジデント』連載「日本のカラクリ」でも何度か取り上げたが、日本の堅牢な中央集権制を打ち破る突破口として、独自の行政構想を打ち出している変人知事や、変人市長を活用するアイデアも『訣別』に収録されている。変人首長に権限を与えて自由な発想で都市開発や産業政策をやらせよ、という「変人特区」構想である。これにも大阪市長選で大勝したばかりの橋下徹市長から「非常に参考になる。是非実現したい」というメッセージが届いた。

中央がいかに変化を嫌うかは、都構想を掲げた橋下市長が受けた凄まじい妨害を見ればよくわかる。「大阪一つでこんなにいじめられるとは思わなかった」「中央官僚の権力に対する執着は凄まじい」などと橋下市長は言っていたが、府知事選とのダブル選挙で民意を得たのだから、大阪都に向かって具体的に動き出すことになるだろう。

　ここで参考になるのが、一九九〇年代前半の中国である。当時、改革開放路線に舵を大きく切った鄧小平は深圳や珠海などの四つのエリアを改革開放区（経済特区）に指定して、中国の市場経済化の先行モデルをつくらせた。一つの国家体制に統制経済と市場経済という異なる経済制度が共存する「一国二制度」によって火を起こし、その成功モデルが燎原の火の如く全国に広がっていき中国経済は成長軌道に乗った。

　硬直化した日本の中央集権制に風穴を開けるには日本版の一国二制度が必要だと私は考えている。中央集権のままでやっていく既存部分を残しながら、一部を開放してゼロベースのトライアルをさせる。小さな成功事例を積み重ねながら、これを全国に波及させて、最終的には道州制移行という統治機構の大改革につなげていく。従来の道州制論議はもっぱら行政コストの削減が目的で「市町村合併の次は都道府県合併」という延長線上の発想でしかなかった。あるいは石原慎太郎東京都知事が二〇〇〇年に外形標準課税を導入したときだ。資本金が一億円を超える法人が対象になる外形課税は道州単位のほうがスケールメリットは大きい、などという〝不純な動機〟で語られてきた。だが私が提唱する道州制とは、そんな目線の低い話ではない。産業基盤をつくり、産業政策を充実させ、世界からヒト、モノ、カネ、情報を呼び込み、中央からの税金に依らずに産業発展するための戦略的事業単位、それが目指すべき「道州」だ。

橋下市長は私の本を克明に読んでいるから、道州制の何たるかをわかっている。巷では大阪都構想だけで大変な騒ぎなのに、これを統治機構の変革を要する本物の道州制につなげていく道程の険しさを痛感しているようだが、私は心配していない。中国の一国二制度を見ると、「改革開放区に指定してくれ」という動きが漸次広がり、中国全土に経済特区が波及し、事実上どこへ行っても市場経済の一国一制度になった。大阪都がうまくいけば、先行事例になり、「自分たちにもやらせろ」という地域が日本にも出てくる。

高校の義務教育化で社会コストが下がる

まずは基礎自治体の役割を、生活基盤を充実させて、生活者に安心・安全を提供すること、と位置づける。すると産業基盤の充実や雇用の創出を担当する上位概念が必要になり、それが人口一〇〇〇万人規模の地域国家である「道州」の基盤となる。要するに基礎自治体と道州の役割を明確に分けて、この二階層で日本を統治するのだ。

大阪都構想でいえば、大阪都の下で横並びになる三〇くらいの市区町村（いまは四三ある）が基礎自治体。一方、広域行政を一本化した大阪都が道州の役割を担う。いずれ関西経済圏を結集させた「関西道」や大阪都と京都が一緒になった「本京都」のような広域行政区域にまで発展すれば、強力な産業ユニットが誕生することになるだろう。関西道のGDPは一兆ドルで、国でいえばメキシコ、韓国、オランダ並み。しかも真ん中からクルマで一時間半でカバーできる密度の濃い経済圏となる。

統治機構を基礎自治体と道州の二層構造にすることで、難解な知恵の輪のように入り組んでいた問題がきれいに整理できる。たとえば税制がそうだ。

私が提案する道州制の税制は極めてシンプルだ。法人税も所得税も相続税も廃止し、「資産税」と「付加価値税」の二本立てにする。基礎自治体は住民や企業から資産税（所有する資産にかかる税）を、道州は企業と個人から付加価値税（「売り上げ－購入原価＝付加価値」）を徴収し、それぞれの活動財源にするすみ分けが一番妥当だ。私の試算では一％程度の資産税で三五兆円、八％の付加価値税で四〇兆円となるので必要な税収はすべてカバーできる。不平等かつ複雑な税体系は一切不要。不動産取得税や自動車税、重量税、ガソリン税、相続税などの不要な税金はすべて廃止すればいい。

教育改革も大きな柱の一つとなる。基礎自治体と道州では教育でつくる人間が異なる。道州では殖産興業に不可欠な人材を育成し、専門学校・大学以上の教育に関するすべての権限を担う。それに対して人格形成をして、自立した生活ができる立派な社会人を育成するのが基礎自治体の役割だ。国家というものを全面に押し出さず、自分の育った地域、自分の家庭、自分のコミュニティを愛することから始め、最後はその全体となる地球村を愛する心を育成するのだ。

基礎自治体では、二一世紀を生き抜くための知恵とマナー、責任と権限などをしっかり学ばせる。そのためには中学までの九年間の義務教育では不十分で、高校までを義務教育とすべきだと私は思っている。そして自立した社会人としての生活が送れる準備が完了した高校卒業時点（一八歳）を成人とみなして選挙権など、その他諸々の権利と義務を付与するのだ。高校が義務教育化されれば「高校無償化」は政策として一貫したものになるし、「一八歳成人」にすれば、第一次安倍内閣の提案した国民投票法案の投票年齢を民主党の横槍で一八歳に引き下げたこととも整合する。いい社会人をつくることが社会コストを下げる。基礎自治体が昔の農村コミュニティのような形に戻ることで、自治体が要するコストを下げることができ、最後はグレートソサイエティ（偉大な社会）へとつながってくるのだ。

このように統治機構を改革しようとすると、税制や教育改革をリンクさせて三位一体の改革が可能になるのだ。大阪には遠慮なく国と戦い、こうした新しい試みを実施する権限を奪い取ってもらいたい。また与野党が競ってそれを支援することこそ「政治主導」の初めての実例となる。

Strategy/14

「世界トップクラスのファンドマネジャーを呼んで**年金ファンド**を運用させる。ハッカー天国のフィリピンから技術者を引っ張ってくる。こういう動きが出てこなければ、**地方自治体**の**繁栄**などありえない」

日本の地方分権はずっと足踏みしてきた——足りない人材は世界中から補えばいい

～2012年6月4日◉記～

「大阪都構想」を国民が真贋鑑定できる日

『プレジデント』（二〇一二年二月一三日号）で橋下徹大阪市長と対談したとき、橋下市長は「自分は大阪市役所の所長にすぎない。大阪の統治機構を変えるのが自分の仕事」と言っていた。今、橋下市長に求められる最大のミッションは、大阪を政治的にも経済的にも時間をかけて〝ピカピカに〟磨き上げることだ。

しかし、橋下市長を見ていると政治的な権力闘争の動きが強すぎるように思える。たとえば関西電力（関電）に対してのケンカだ。民主党も自民党も「脱原発」を掲げる器量と勇気がないのをいいことに、橋下市長は、国民受けするアジェンダを打ち出して一人で突っ走っている。

現在、大阪市は関電の株を九％持っているが、二〇〇〇億円近くあった同社の株の価値が、この一年の一連の騒動で、一〇〇〇億円に下がってしまったのだ（二〇一二年六月時点）。そのうえ、今後、大阪市の株主提案によって、関電が脱原発を余儀なくされればどうなるか。再生可能エネルギーに依存すれば電気代は確実にアップし、原発を操業しなければ、すぐにでもブラックアウト（停電）の危険性もある。そして最悪のシナリオとして、関電が東京電力と同じように実質倒産することにでもなれば、同社の株の価値はゼロになる。橋下市長は、大阪府と大阪市を統合した場合のコストセービングは、五六〇億円といっているが、関電株の下落で一〇〇〇億円を失うほうが市民にとっては損害は大きい。

本来、株主は株主価値が最大限になるための提案をするものだ。株主価値をなくす提案をしてどうするのか、と苦言を呈したい。橋下市長が本物の政治家かどうか、「大阪都構想」が国政に参入するための単なる前奏曲にすぎなかったのか、国民が真贋鑑定できる日はそう遠くないのかもしれない。

私の知る限り地方自治体を、政策面からピカピカに磨き上げた政治家というのは、誰一人としていない。いわゆる〝有名知事〟は何人も出てきたが、地元自治体の〝GDP〟を上げた（経済的に強固な基盤を作った）知事はいない。そもそも地方自治体の首長というのは、「自分たちの権限が足りない」と中央に対して文句を言う傾向にある。この文句の言い方がうまい人が、有名知事と言われているだけなのだ。

たとえば細川護熙元首相は、「熊本県知事時代に駅前のバス停を三〇メートル動かすことさえできなかったことが国政を目指す原点になった」といって首相になったが、細川氏は、その後も、自らの原点だったはずの自治体への権限委譲には何一つ手をつけなかった。しょせん有名知事の限界は、このようなものだ。「もっと分権せよ」「真の地方自治を」などと叫んで当選した地方のリーダーが一度中央政界にくると、声高に言っていたことをすっかり忘れてしまう。その繰り返しで、日本の地方分権はずっと足踏みしてきた。

私の知る限り、地方の自立に対する抑えがたい願望と意思を貫いて、実現した政治家は田中角栄元首相だけである。彼は中央政界に乗り込んで、米びつを分捕り、自分の地元にバラ撒いた。道路や鉄道を敷くことから始まり、インフラを整備した後、中央から新しい産業を呼び込む。新潟をまず手はじめに、そして同じバラ撒きを全国津々浦々、と「均衡ある国土の発展」をやってのけた。

江戸時代から四〇〇年以上続く日本の中央集権の歴史に、地方から風穴を開けようとすれば、中央からよほどの権限を奪ってこなければならない。

しかし田中角栄的な手法がゆきすぎて利益誘導型の政治が蔓延し、地方の役人たちは中央から「権限」よりも、「お金」を持ってくる陳情ばかりに勤しむようになったのも事実だ。米びつにカネのなくなった今はその弊害で、ほとんどすべての地方都市は疲弊し、バラ撒きがなければ自立できない状況に陥っている。自治よりもカネを!という首長ばかりになった、と言ってもいいだろう。そしてここにきてやっと、橋下市長が「(カネよりも）権限をよこせ」という闘争を始めたのだ。船中八策の表紙には〝給付型公約から改革型公約へ～今の日本、皆さんにリンゴを与えることはできません。リンゴのなる木の土を耕します〟と書いてある。まさにバラ撒きから自立へ、という宣言になっている。

イギリスのサッチャー元首相は、スモールガバメント（小さな政府）を実現するために、経済戦略研究所の副所長を九年間も務めて、スモールガバメントの政策やノウハウをとことん勉強した。日本の地方政治のリーダーにはそうした勉強量が圧倒的に足りない。従来の地方自治といえば、永田町や霞が関に陳情してお金を引っ張ってくれば事足りたが、もはやそういう時代ではない。世界からカネ、ヒト（人材）やモノ（企業）をどれだけ呼び込めるかが繁栄のカギを握るため、地方政治のリーダーは世界がどうなっているかを理解していなければいけない。

ここ一五年で世界は劇的に変わった。米ソ冷戦の時代と違い、現在は世界中に繁栄の極が分散して多極化し、「G20」といわれるような国々が台頭してきている。その中で、果たして知事や市長と呼ばれるリーダーは、何カ国ぐらい行ったことがあるだろうか（せいぜい一つか二つだろう）。そしてG20の何カ国に友人がいて、プライベートな携帯電話ナンバーを持っているかといえば、ほぼ皆無だろう。そんな有り様では、世界の富を呼び込んで繁栄する芸当など期待できない。

足りない人材は世界中から補えばいい

地方自治に真正面から取り組んで、中央から権限を剝ぎ取り、一定の結果を出すまでには最低一〇年かかると私はみている。それはこれまでにマレーシアのマハティール（元首相）や台湾の李登輝（元総統）、権力闘争で大トラブルに巻き込まれて失脚した中国の薄熙来（元共産党中央政治局委員、元大連市長、元重慶市党委員会書記）など、数々の権限を持つリーダーと組んで地域振興プロジェクトを私自身手掛けてきたが、構想を練ってから見通しが立つまでに最低一〇年はかかったからだ。

さらに最先端のＩＴインフラを整備して、世界中から企業を呼び込むことを目的としたマレーシアの「マルチメディア・スーパー・コリダー構想」。一九九五年に構想のレポートを作成して、当初の目標をクリアして一区切り付くまで一七～一八年かかっている。中国・大連のソフトパークとＢＰＯ事業は、薄熙来という強力なリーダーがいたおかげで早かったが、九〇〇社の企業を誘致して九万人の雇用を生み出すまでに、一〇年以上かかっている。

本気で地域活性化に取り組めば取り組むほど、どうしても時間はかかる。世界に周知徹底し、進出してもらい雇用を生み出すまでのプロセスを考えると、簡単に計画だけ立てれば結果が出てくる、とならないことは誰でも理解できるだろう。そういう認識が、今の日本の地方政治のリーダーにあるのかどうか。三期一二年の知事もいれば、四期一六年の知事もいるが、ほぼ全員が地方自治と地域振興の長期的なプランを持っていないため、中央から権限の一つも奪えずに、せいぜい交付金をもらってくるだけで終わってしまう。

さらに地方における人材の問題もある。地方でプランを練り上げて、中央から必要な権限を一〇〇％渡されたとしても、現状では地方の受け手の能力が、（世界からヒト、カネ、モノを呼び込んで）繁栄する自治体を実現していくレベルには全然達していない。地方の議員も役人も、これまで交付金の〝運搬係〟しかやったことがないからだ。

改革開放路線に二〇年以上かけた中国では、今やそれぞれの都市が発展を競い合っている。一〇〇万都市だけで何と二〇〇もあり、彼らは年率八％以上で成長しないと評価されない。経済成長で結果を出すことがすべてなのだ。そのため、全権を握った市長はさながら〝マーケティングマネジャー〟である。自ら世界中を飛び回り、「ウチに来てくれ」「条件はこれだ」と交渉する。そのため、三〇〇社、五〇〇社呼び込んだ工業団地が天津や蘇州など中国全土に散らばっている。今のままでは日本の市長は、彼らに太刀打ちできない。こうした営業センスのある人材を育てるのにも時間がかかるため、足りない人材は、世界中から補えばいいという発想が不可欠だ。

シンガポールの人口は今や五〇〇万人を超える。九〇年代は三〇〇万人規模の国だったが、優秀な外国人を選別して永住権を与えて二〇〇万人近くの移民を受け入れてきた。世界中から掻き集めたタレントのパワーで経済成長を持続し、今やシンガポールの国民一人当たり名目GDPは日本の約四万六〇〇〇ドルを抜いて約五万ドルに達する。

歴史的にみても、繁栄している地域や国では世界中から優秀な人材を集めている。今こそ日本でも才能豊かな人材を世界と競争して呼び込む、という発想が必要だろう。世界トップクラスのファンドマネジャーを呼んで年金ファンドを運用させる。ハッカー天国のフィリピンから技術者を引っ張ってきてマイナンバーなどのシステムを開発させる。シリコンバレーに参集している起業家たちに大阪に移住してもらう。こういう動きが出てこなければ、今や日本の地方自治体の繁栄などありえないだろう。

このような例を参考にして橋下市長には、無用な政治闘争や政局などには明け暮れず、ヒト、モノ、カネに関する中央の規制を断ち切って、大阪で自由にできるようにすることに集中してもらいたい。それが大阪をピカピカに磨き上げる第一歩のはずである。

Strategy 15

「SNSの出現で、
世界中の人々が横につながり、
政治・経済にも
全く新しい可能性が広がった。
しかし、その流れがいきすぎれば
新しい（イカサマな）
権威を生み出す素地となる
危険性も、
同時にはらんでいる」

橋下徹大阪市長を嫌いな人は、
なぜ嫌いなのか？
——反橋下派識者には
二つのタイプがある

～2012年4月2日◉記～

反橋下派識者の二つのタイプとは

大阪都構想の実現と国政選挙に向けて、大阪市の改革案および国政への構想案を精力的に打ち出している橋下徹大阪市長。そして最近の喧嘩相手は政治家や官僚にとどまらず、戦線を拡大して、〝反橋下派〟の識者たちをなで斬りにしている。目的実現のためには無用な敵をなるべくつくらないほうがいいのだが、改革の火種や活発な議論を絶やさないためにも、あえて攻撃的な姿勢を貫いているのかもしれない。

橋下市長と反橋下派識者のテレビ討論を見て、アメリカのシリコンバレーに在住の私の友人が、ブログで興味深い分析をしていた。彼は「橋下市長についていけない人たち」の気持ちとして、大きく二つあるというのだ。

一つは「橋下市長のやり方が嫌」という人たち。彼らは、橋下市長の政治手法が、自分たちの理解の範囲を超えているため、事態が唐突に進んでいくように感じてしまう。だから橋下市長＝「独裁」として映ってしまうというものだ。もう一つは「変化の先が見えず、将来が保証されていないようで嫌」という人たちだ。このような人たちは、橋下市長が新しいことを打ち出すたびに恐怖を感じるから、「将来を担保しろ」

と過剰に要求してくるのだ。これらの人たちは、「ついていけない」という感情が先立ってしまうため、橋下市長の主張がいくら正しくても、当初からまともに耳を傾けようとしない。だから、議論が噛み合わないのだ。

橋下氏の手法についていけないなら、ついていけないで構わない、と私は思っている。民主主義国家では「ついていけない」と考える人が多ければ、多数決の論理で、「ついていけない」とみなされたリーダーは選ばれないからだ。しかし大阪では「維新」を掲げた市長と府知事が選挙で選出されているのに鑑みると、大阪の有権者の多くは橋下氏に「ついていこう」としていると考えるべきである。では、反橋下派の識者たちが橋下氏に「ついていけない」と考える理由は何だろうか。

友人は「ビジネスモデルが理解できないからだ」という。友人のいう〝ビジネスモデル〟は、企業活動においては当然の、価値や利益を生み出すために必要な活動モデルである。具体的には、①顧客にフォーカスする②細部を詰めなくても前に進める③やりながら最適化していく、などだ。

こうした橋下市長の行動原則は、本書の読者のような企業のビジネスに携わっている人にとって、当然の考え方だろう。実は、橋下市長は大阪商人の、利益と価値を生むために最適な行動を選択する〝ビジネスモデル〟を、（今までは価値を生む行動をとる人が少なかった）行政に持ち込んだだけなのである。

私にはかつて、このような企業にとって当然とされる〝ビジネスモデル〟を、都政に持ち込もうとしてできなかった苦い経験がある。一九九五年の都知事選に出馬したが、結局のところ都民が選んだのは、まともな選挙活動をしないで、ポスター一枚だけで「都政から隠し事をなくします」と訴えたタレントで参議院議員の青島幸男氏だった。都民にわかりやすく安らぎと癒やしを与えることが、青島氏には一番大切だったが、これは旧態依然として何も価値を生み出してこなかった行政の悪しき〝ビジネスモデル〟だろう。

私はといえば、「都政は経営」「九兆円の歳費を見直して借金をなくして、世界中から資金を呼び込んで繁栄する」など難しい理屈を並べて、嫌われてしまったのだ。しかし二五年も参議院議員をやっていてもほとんど国会に出席せず、選挙期間中であっても外遊してしまう青島氏のような人間が、都知事になったからといって仕事をするわけがない。案の定、四年間何の仕事もしなかった青島氏は、都民の怒りをかい、一期で退陣せざるをえなかった。

橋下徹という人物が、従来の政治家と違う点がある。それは「隠し事をなくします」といった漠然とした大和言葉を使うのではなく、難しい言葉を使いながらも、大衆と対話する方法を知っている点だ。たとえば「統治機構の変革」や「分限免職（適格性などを理由に公務員としての身分を失わせること）でクビにする」といった言葉の言い回しは、これまでのリーダーの発言にはなかった。もっとも橋下氏が、〇八年に大阪府知事に立候補したときの第一声は、「子供が笑う大阪に」というものだったから、知事時代の四年間で大きく成長した。

二〇一一年一一月の大阪ダブル選挙では、難しい言葉を使いながらも市長としてやるべきことを明確に示したことに大きな価値がある。有権者は、彼の言葉に耳を傾けて、「ついていこう」と思ったのだ。そして大阪商人には自然と身についている利益や価値を生むためには戦略的な行動を選択する〝ビジネスモデル〟は、もともと利益に敏感な大阪市民だからこそ理解しやすく賛同を得た。「あとは、結果を出すだけですなぁ」という雰囲気である。逆に言えば、橋下市長としては、手法はどうであれ、とにかく四年間で結果を出して、審判を仰がなければならない。

また、その実現を阻む中央の官僚や官僚に巻き取られた政党を仮想敵として「兵を都に進めるぞ！」と脅しているのも、一応理にかなっている。大阪という一地方の「事件」であっても全国民が注視する視聴率の高いドラマになっている理由は、同じ閉塞感を味わっている国民や自治体が数多く存在しているからだ。

海外の学説を借りる人歴史を語りたがる人

橋下市長と対決して簡単に葬り去られるような人たちをそもそも「識者」と呼べるのかどうかは疑問だ。さらに、彼らは自分自身の主張を持っていないのではないかと、私はいつも感じる。私なりに分析すると、日本の識者はいくつかのカテゴリーに分かれる。

一つは海外の学者の説を借りてきて自分の考えのように主張するタイプである。たとえば世界的に著名な経済学者のポール・クルーグマンがインフレターゲットの必要性を説けば、「クルーグマン先生は……」と言って、日銀批判を始める。クルーグマンが日本の状況を知らないで論じているにもかかわらず、である。そして相手が引用元を知らないとわかるやいなや、あたかも自分の意見のように言い始めるのだ。

それから〝歴史〟を語りたがるタイプである。たとえば話の中に戦国武将や維新の志士を持ち出してきて、成功事例を失敗事例と重ねて解説し、「同じ轍を踏まないように」と言い始める。そして、出てくる事例は事実とは関係なく、いつも同じ個所だったりするのだ。中国の故事を引っ張り出して聴衆を煙に巻くのが得意な輩もいる。

もう一つは、自分が育ってきた時代や環境からの世界観や価値観に拠った見方しかできないタイプだ。先日もある人と議論して橋下市長への支援を要請したところ、「支援するためには橋下氏が保守であることを確認しなければならない」などというのだ。そもそも〝保守〟という言葉の定義そのものも曖昧なのに、すぐに「保守」「革新」と色分けして符号を付けたがる。

私の経験則でいえば、「識者」と言われる人たちは大体この三タイプに分かれる。彼らに共通しているのは、自分の主張に中身がないこと。さらに、この一〇年間の世界の大きな変化が自分の立ち位置に織り込まれておらず、いまだに「日米関係が基本」とか「米ソ冷戦時代の日本の役割」などを繰り返す識者もいて、時代認識が全くアップデートされていないことに驚くばかりだ。この一〇年間に起こった世界の変化は凄まじく、もはやG7、G8の先進国中心の時代ではなく、インドや中国、ブラジルなどの新興国を含めたG20の多極化時代に突入しているのだ。

そして先進国にとって極めつきとなったのは、産業だけでなく社会の構造を大きく変えようとしているデジタル化の流れだ。たとえばデジタル時計といえば、五〇〇円の時計も五〇万円の時計も、時間の精度は変わらない。それは、同じチップを使っているからだ。

このデジタル化された産業、社会の時代においては、新興国も先進国と同じレベルの製品が作れてしまう。つまり、デジタル化の流れによって先進国の強みは奪われてしまったのだ。シャープやパナソニックが枕を並べて討ち死にしている理由もここにある。

さらに、九〇年代のインターネット革命からフェイスブックなどのソーシャルネットワーキングサービス（SNS）革命への流れも、世界を大きく変容させた。SNSに関わるすべての人は、情報の受信者であると同時に発信者である。そして、既存のマスメディアを含め、いままで情報をコントロールしてきたあらゆる権威が覆される時代になっている。SNSの出現で、世界中の人々が横につながり、政治・経済的にも全く新しい可能性が広がった。

しかしながら、その流れがいきすぎれば社会の安定を揺るがし、新しい（イカサマな）権威を生み出す素地となる危険性も、同時にはらんでいるのだ。ここ一〇年の世界の潮流をきちんと押さえたうえで、いま、世の中で起きている現象にどういう意味があるのかを説く。そこに豊富な経験と過去の教訓を照らし合わせながら、出現しつつある新たな時代との向き合い方を提案していく。それがホンモノの「識者」というものだ。そういう識者でなければ、選挙期間中のマスコミの誹謗中傷をtwitterひとつではね返した橋下徹という新しいタイプの政治家とは対等に渡り合えない。

Strategy 16

「シンガポールでは
任期を終えた役所は解体される。
時代状況の変化とともに
必要な**政策**も**変化**する。
役所もサンセットがあって
然るべきで、
歴史的役割を終えた
役所は廃止、
あるいは大胆に縮小すべき」

これが本物の「官僚改革」だ
——身分保障制度に
切り込むのはもちろん、
根源的な存立理由を吟味し直すべき

〜2011年3月7日◉記〜

都市のスラム化阻んだ世界に冠たる「私鉄」網

公務員のスト権に関しては警察、消防、自衛隊など国民の安全にかかわる組織を除き、一定のルールの下で与えても構わないと私は考える。その代わり、失業保険を導入して公務員もレイオフやリストラができるようにするべきだろう。

国家公務員法や地方公務員法には勤務実績が著しく悪い場合には免職できる旨の条項はある。しかし、そうしたケースでも身分保全を求めて訴訟を起こされると、過去の判例ではほぼすべて国や自治体側が敗訴している。

つまり、犯罪を起こしたわけでもなければ勤務実績が悪かったわけでもないのに、日本の農業従事者数が九〇〇万人から六〇〇万人になったからといって、農林水産省の職員を三分の二に削ることはできない。クビにする法的根拠がないからだ。そもそも公務員に失業保険がないのは、失業しないことが前提になっているからである。

だが、この身分保障の部分に踏み込まない限り、公務員制度改革など不可能。もっといえば、公務員が何のために存在し、誰の責任で雇うのかという根源的な部分から、ゼロベースで考え直すべきだと私は思っている。

戦前の日本では「内務省」という官僚組織が、今日の厚生労働省、国土交通省、総務省、法務省、国家公安委員会などの権限を一手に掌握して国の近代化に大きな役割を果たした。

その最たるものが「私鉄」だ。現在なら鉄道は国交省運輸局、都市開発は同じく都市・地域整備局、住宅整備は同・住宅局、病院の開業は厚労省というように許認可を与える役所は異なる。が、内務省ではこれらを一セットにして認可できたのだ。結果、私鉄の鉄道網は主要駅から郊外に延び、沿線の駅ごとに宅地開発など街づくりが行われてきたために人口が分散され、日本の都市はスラム化しなかった。こうした私鉄網は世界に類を見ないものなのだ。

官僚制度を骨抜きにして政治主導を狙ったものの

戦後の復興から高度成長期にかけても官僚は大きな役割を果たした。「鉄は国家なり」といわれた時代、我々は通産省（当時）が策定した五カ年計画を、眼を皿のようにして読んだものだ。日本の鉄鋼業が全盛期を迎えた頃には、通産省は「産業のコメは半導体である」と言い始める。これをきっかけに日本企業の半導体投資が加速、後発だった日本の半導体産業はあっという間に世界一に駆け上がった。次いでポスト半導体として情報化社会へのシフトを唱えたのはアメリカの猿真似だったにせよ、結果的にはこれも的中した。

このように中央の官僚が長期戦略の旗振り役になって、日本の産業構造を大きく動かしてきた。炭坑を潰したり、繊維の機織り機械を潰したり、造船所の船台を半減したり、すさまじいまでの産業構造転換を演出した。

ところが、一九九〇年のバブル崩壊を境に役人の迷走が始まる。当時の大蔵官僚は、「大前のようなヤツが騒ぎ立てるからクラッシュが起きたのだ。黙っていろ。俺たちに任せておけば軟着陸させてみせる」という言い方をしていた。この頃から官僚の驕りや大局観のなさ、付け焼き刃的な手法が目に余るようになり、日本は「失われた（最初の）一〇年」へと突入していく。

その後、長引く不況の中で官僚に対する風当たりが強まり、政治が官僚をコントロールしようとする政高官低の状況が生まれた。その権化が「政治主導」を掲げた民主党だ。

しかし、そもそも経験もリーダーシップもないうえに不勉強な輩が多い今時の政治家に〝政治〟が務まるはずがない。

一方で官僚もしばらく政治の表舞台から遠ざかっていたうえに頭を叩かれすぎたせいか、政治家不在でも国家を操舵したかつての統治能力を失ってしまった。いよいよ政治家も官僚も国家ビジョンが描けなくなり、バブル崩壊から二〇年以上が経過した今も日本の迷走は続いている次第だ。

縦割り・前例主義の貧困な発想が国を滅ぼす

日本が機能不全に陥っている理由の一つは、役所が肥大化、専門化しすぎて、全体像を描けなくなっていること。たとえば外務省の人間に、「日本の外交はどうあるべきか？」と基本的な質問をしても誰も答えられない。「私はアメリカの専門ですから」「中国の専門だから」という外交官ばかりだ。半島有事のときに韓国にいる日本人（長期三万人＋観光三万人）をどうやって救出するのか、といったことを聞いても「ン？」ってな具合である。

厚労省は国家予算の二九％を握る巨大官庁だが、そこで取り扱うのは労働問題から福祉、年金、介護、医療、雇用といった問題まで多岐にわたる。〝ミスター年金〟こと長妻昭・元厚労大臣も、その圧倒的なボリュームに打ちのめされて潰れたようなもの。事務方トップの事務次官も、旧労働省出と旧厚生省出のタスキがけ人事だから、厚労省という箱全体を見渡せる人材がいない。もっと言えば、橋本行革の時、なぜ二つの省がどういう狙いで合併したのかもはっきりしない。

少子化問題一つとっても全体感を持ち合わせた役人がいない。たとえば働きながら子育てをするには、職場や自宅の近くに幼子を預かってくれる場所が必要なことぐらい、子供がいる家庭の視点に立てばすぐにわかるだろう。ところが役人からはそんな発想は出てこない。そういう場所をつくろうにも、どの部署が何の予算でやるのかさえ役人にはわからないからだ。

幼稚園や保育所が足りないといわれているから幼稚園や保育所をつくるというのなら動ける。しかし、親が突然の残業から帰ってくるまで預かってくれる施設が必要という話になると、途端に身動きがとれなくなる。せいぜい保育施設の利用時間を夜八時から一〇時まで延長して、残業手当を出すための予算を取ってこようというのが厚労省的な発想で、答えはまったく違ったものになる。

あるいは施設などつくらずに地域に任せるという解決策もある。地域には子育て経験が豊富で元気な高齢者が大勢いるのだから、そうした人たちに子供を預かってもらう仕掛けをつくればいい。しかし、総務省からはそんな発想は絶対に出てこない。

「ＴＰＰ」（環太平洋戦略的経済連携協定）への参加問題もそうだ。農業を志す日本の若者をトレーニングして海外に雄飛させるようなアイデアは、農水省からはもちろん経済産業省からもまず出てこない。とんでもない額の補助金をばら撒くのが関の山で、兼業農家とＪＡ（農協）がもたれあう旧態依然とした農業の貧しい産業構造は維持されるだろう。

役人発想が国民に害をなすケースすらある。その典型がスギ花粉の問題だ。国民の三人に一人が花粉症と言われる時代に、いまだ補助金を出して杉の植林を続けている。花粉症に苦しむ国民の立場からすれば、三〇年以上前に植林した杉を伐採して雑木林に戻せばいいだけの話。そんな簡単な解決法ですら林野庁の役人には発想できない。それどころか、スギ花粉の予報システムをつくったり、花粉を出さない杉の研究を大学に委託するのが仕事だと思っているのだから、滑稽ですらある。

杉の老木をすべて切れば三〇〇〇万もの票につながる、という発想さえない。大局観を持てないまま、過去の成功体験にすがって前例を踏襲、繰り返してきた結果、成長期には世界の五年先を突っ走っていた日本の政策は今や三〇年も遅れてしまった。

では、どうすればいいか。まず、この役人および政策のあり方を何年かに一度、ゼロベースでつくり直すことだ。政治主導でも官僚主導でもなく、「生活者の視点」で見たときに本当の問題は何か、その問題を解決するにはどうしたらいいかを考え、政策を決めていく。役人を「決められた政策に沿った仕事をするためのグループ」と定義し、政策と役割ごとに資源を再配分、つまり予算や役人の数を割り振るのだ。

シンガポールでは任期を終えた役所は解体される。たとえば二〇〇〇年を期限に世界トップクラスのIT立国を目指して八六年に創設されたナショナルコンピュータボード（コンピュータ省）は、三年前倒しで目標を達成して解体された。つまり有限の〝サンセット省庁〟である。

時代状況の変化とともに必要な政策も変化する。役所もサンセットがあって然るべきで、歴史的役割を終えた役所は廃止、あるいは大胆に縮小すべき、というのが私の考え方だ。役所の統廃合や公務員のリストラができる法案をつくるべきだ。自治労を抱えた民主党では無理だろうが、連合からのスト権付与の圧力を逆手にとって、出戻り自民党には公務員の二割カットくらいは早期に実現してもらいたいものだ。

Strategy 47

「あれだけ中国が
成長発展したにもかかわらず、
ODAが**盲腸**のように
存在し続けているのは、
“利権化”しているから。
中国も**戦後賠償**の
一環と思っているから、
もらえるだけもらっても、
感謝しない」

**すべて腹芸と裏ワザで
行われてきた外交交渉
——パンドラの箱が開いた今、
政権は虚心坦懐に国民や
周辺国と向き合え**

〜2012年12月31日●記〜

自民党外交が封印してきたパンドラの箱を開けた民主党

現政権に、重く伸し掛かっているのが外交である。二期目に入った米オバマ政権や習近平体制に移行した中国との関係から、尖閣、竹島、北方領土をめぐる領土問題、北朝鮮の拉致・核問題まで問題山積だ。

いつの時代もどこの国でも、外交は継続性が重要だが、民主党政権を経て日本外交は各方面で継続性を失い、四面楚歌に陥っている。その責任を民主党政権の稚拙な外交手腕に問うても仕方がない。むしろそれ以前の自民党政権が戦後六〇年にわたってどういう外交をやってきたのか、自民党外交の本質というものを理解しなければ、日本外交の未来はない。

言ってみれば、民主党政権はオリンパスの社長に抜擢された英国人マイケル・ウッドフォードのようなものだ。歴代社長が地下に埋め込んできた膨大な損失隠し。何も知らずにそのパンドラの箱を開けたのが欧州本部からやってきたウッドフォードであり、調査を始めた途端にクビになった。

自民党外交が封印してきたパンドラの箱を開けたのが民主党政権である。オリンパス問題で喩えるなら監査事務所や会計事務所に当たるのが外務省。本来外務省がしっかりプロとしての職務を果たしていれば政権に関係なく外交の継続性も確保できたはずだ。しかし、外務省も自民党政権とつるんで機能不全に陥ってしまった。

一年で政権がクルクル変わる政治に引きずられて場当たり的に仕事をこなし、いよいよコントロール不能な大臣がやってくると冬眠状態に入る――。日本の役所はどこも同じである。

さて自民党外交の本質とは何か。一つは対米一辺倒である。どんなに屈辱的でもアメリカの言うことには逆らわない。

同じ第二次世界大戦の敗戦国であるドイツと比べてみるとわかりやすい。ドイツは湾岸戦争に反対しながら、アフガニスタンには大規模な派兵をした。独立国家として、NATO（北大西洋条約機構）の一員としてやるべきことの是々非々がハッキリしていて、アメリカもドイツを小突き回せないことを承知している。

ところが日本に対して、アメリカは小突き回すどころか、「妾」と思っているから反論も許さない。

日本円を中心としたアジア通貨を提案した宮沢喜一構想は潰されたし、「日米中正三角形」と言い出した鳩山由紀夫元首相は、往復ビンタどころか普天間基地移設問題で蹴り倒されて足腰が立たなくなった。

対米関係を利するために、アメリカ国内では各国が激しいロビー活動を展開している。中国は大学や学者に寄付したり、さまざまなグループに金をばらまいて大変な勢いでネットワークをつくり上げているし、シリコンバレーでは台湾ロビーが圧倒的に強い。

政治活動で不動のチャンピオンは、マスコミや金融機関をガッチリ支配しているイスラエルで、大統領候補はイスラエルへの忠誠を示さなければ勝ち残れない。

一方、対米一辺倒の自民党政権は親日派、知日派の一部の政治家や外交官を頼みにするだけで、アメリカの外交政策や世論形成に多大な影響力を持つ学者やジャーナリストの組織化を怠ってきた。

そのツケが回って米メディアは一〇年以上前に中国シフトに切り替えているし、今になって日本政府が「一緒に尖閣を守ってくれますよね」と言っても米政府は口を濁している。日本からの移民(日系人)は一〇〇万人いるが政治的な活動には無関心の人が多い。一方、中国系は四〇〇万人を超え、活発な互助組織として機能している。尖閣に対してのアメリカの態度が次第に〝中立〟になってきているのも彼らの活動と無縁ではない。

東西冷戦下であれば対米一辺倒でも良かったのだろうが、冷戦後の世界は新興国を中心に動いている。日本の外交はその手当てがまったく遅れていて、冷戦下の外交の枠組みから一歩も抜け出ていないのだ。

だから中国との関係も昔と変わらない。戦後の日中関係は一九七二年の国交正常化で、中国は日本に対する戦後賠償を放棄する代わりに、日本は中国の発展を手助けするという形でスタートした。つまり「先進国の日本が世界最貧国の中国を助けてあげる」という上から目線の〝ODA思想〟から始まっているのである。

将来、中国が発展してきたら両国の関係をどうするのか。経済的にはどうするのか。軍事的にはどうするのか。日中関係を深化させていくうえでアメリカとの距離はどうするのか——。こうした前向きな議論を交わすことなく、日本はただただODAモード一辺倒で中国と付き合ってきた。あれだけ中国が成長発展したにもかかわらず、ODAが盲腸のように存在し続けているのは、それが日本では「利権化」しているからだ。中国も戦後賠償の一環と思っているから、もらえるだけもらおうということで感謝したことがない。

中国が強国になったにもかかわらずODAモードの関係を続けていることがストレスになって、両国で反日、反中の機運をますます高めている。

すべて腹芸と裏ワザで行われてきた外交交渉

自民党外交のもう一つの特徴は、継続性を担保するような〝形〟にしていないことだ。対米一辺倒を明文化しているわけではないし、「尖閣問題の棚上げ」も中国との口約束でしかない。さらには、そうした外交方針を国民に説明したこともない。どこまでもアメリカと一緒にやるなら集団的自衛権の問題は避けて通れないが、政府は集団的自衛権の何たるかを国民にきちんと説明していない。それどころか、自民党政府は外交の真実をほとんど国民に明かしてこなかった。

たとえば北方領土問題。四島一括返還が日本外交の総意であるかのように思われているが、それを外務省が言い出したのは日ソ共同宣言が合意された五六年以降のことだ。実は四島一括返還は日本とソ連の接近を恐れた（五六年のダレス―重光会談における）アメリカの差し金で、「ソ連に四島一括返還を求めないと沖縄は返還しない」という条件だったのだ。

その沖縄返還にしても、要するに軍政と民政に分けて（アメリカにとって面倒臭い）民政だけ返還するというのが日米政府の約束だった。「米軍が使いたいように使ってください」と軍政を残した以上、核抜き返還などありえない。しかし、そのことを政府は日本国民に説明しなかった。「非核三原則」「核抜き返還」など茶番もいいところだ。

なぜ普天間基地移設問題やオスプレイの問題で日本の言い分が通らないのか、米兵が少女を襲っても泣き寝入りなのか。理由は一つ。軍政に関しては手が出せない条件でしか沖縄は返してもらってないからである。米兵の不祥事に関しては軍政と民政の境界線上の問題だからアメリカも譲歩する余地はあるが、オスプレイの配備に関しては「文句を言われる筋合いはない」と思っているわけだ。

戦後六〇年間、整理整頓せず、目録も作らずに溜め込まれた自民党外交のパンドラの箱を民主党政権が開けたとたん、魑魅魍魎の外交問題が飛び出してきた。どれもこれも解決不能になっている理由は、外交交渉がすべて腹芸と裏ワザで行われてきたからだ。

「田中角栄なら中国との関係はここまで進む」「森喜朗ならプーチンと仲が良いからロシアとの関係はここまでいく」という具合に自民党政権の外交はきわめて属人性が高いうえに、外交文書がまともに残っていないのだから、今後どんな政権が誕生しても「相続不能」である。

確かに国境問題は優れたリーダーが出てこないと解決しない。これは歴史の教えだ。

しかし器の小さいリーダーが政権を持ち回っている現状が続くようでは、日本の国境は守れない。

今、日本外交が陥っている複雑骨折は、一人や二人のリーダーが出てきてもなかなか治らない。しかし、第一歩として、日本の外交を預かる政権は、これまでの自民党的外交を一度棚卸しして、歴史的経緯を理解したうえで、場合によってはご破算にする覚悟が必要である。正しい情報を与えられてこなかった国民にも完全に情報を開示する必要がある。そのうえでアメリカ、中国、ロシア、韓国、それぞれの国と個別に話し合って、これまでの互いの理解を整理し、問題解決のための枠組みを決めて、改めて交渉を積み上げていくべきだ。尖閣についても「領土問題は存在せず」と建前論を振りかざしていても、建設的な解決策は出てこない。領土問題があったからこそ日本の実効支配を認めさせたうえで「棚上げ」に合意してきたのだ。

安倍政権の誕生で対米関係は多少好転するだろうが、元の木阿弥で「妾」に戻るだけのことかもしれない。中国や韓国はむしろ日本の右傾化を警戒するので、関係は一層厳しくなる。領土問題で唯一前進の可能性があるのはプーチン・ロシアとの北方領土問題だろう。戦後の外交問題をすべて棚卸しして虚心坦懐に国民と、そして周辺国と、向き合ってほしい。

Strategy 18

「私は基本的には
原発の**再稼働**に
反対である。
理由は政府がきちんとこの問題に
向き合っていないからだ。
きちんと向き合い、
それぞれの原発一つ一つに
対策を講じれば、
再稼働できる原発が
かなりあるのに」

福島第一原発事故の
本当の原因
──原子炉の設計思想に
そもそも問題があった

～2012年10月1日◉記～

あまりにピント外れの事故調査委員会レポート

関西電力大飯原発の再稼働問題に端を発して、再稼働に抗議したり、脱原発、反原発を訴えるデモや集会が日本各地で行われている。金曜日の夕方に首相官邸を取り囲むデモ隊の数が膨れ上がっていくのを見るにつけ、私は暗澹たる気持ちになる。原発事故の責任を曖昧にしたまま、なし崩し的に再稼働を決めた政府。怒りの矛先を原発そのものに向けて反応をエスカレートさせていく国民。こうした構図では建設的な議論ができるはずがない。結局、再び重大な事故が起きるか、政府が倒れるかしなければ何も動かないだろう。脱原発か、再稼働かを問う前提条件として、まずやらなければいけないのは、福島第一原発の事故原因を徹底的に究明して、被災後の経過を正確に把握することである。それができなければ、安全対策など立てられるはずがない。そして福島第一原発事故の反省に立った安全対策が正しく織り込まれているかどうかということが、ストップした原子炉を再稼働させる判断基準になるはずだ。

ところが肝心の事故原因の究明が進まない。二〇一一年六月、細野豪志原発担当大臣（当時、原発事故対応担当の首相補佐官）からの要請を受けて、私は事故調査と再発防止に取り組むことになった。

四カ月後の一〇月に「福島第一原子力発電所事故から何を学ぶか」と題した中間報告を細野大臣に提出して、YouTubeにも公開した。さらに福島第一原発事故の教訓が大飯原発三号機、四号機にも生かせるかを調査分析、その結果を追加した最終報告を一二月に細野大臣に提出した。

この最終報告書の要点を再構成して一般向けにわかりやすくまとめた『原発再稼働・最後の条件』（小学館）を上梓したのは、一二年七月末のことだ。その少し前、七月五日にようやく国会の事故調査委員会（黒川清委員長）が最終報告を出し、続いて七月二三日に政府の事故調査・検証委員会（畑村洋太郎委員長）が最終報告書を提出した。

事故から実に一年以上が経過して、国会と政府と民間の事故調査委員会のレポートが出揃ったことになるわけだが、その緩慢さもさることながら、事故の調査・検証報告としてあまりにピントが外れていることに驚かされた。

再発防止策を考えるには原子炉の分析が必要

事故というのは、物理現象である。物理的な現象である以上、物理的な原因が存在する。物理的にどういうことが起きたのかを説明して、それが起こらないようにするためにはどうすればよいかを示さなければ、事故調査の意味がない。私はそのように心がけて最終報告書を作成した。『原発再稼働・最後の条件』を読めばわかってもらえると思うが、何が原因か、どういう対策を講じればよいか、誰の目にもわかるようになっている。

しかし、国会事故調も政府事故調も、「何重もの安全技術で守られていたはずの原発がなぜあのような状態に陥ったのか」という問いには正面から答えていないのだ。「想定を超える津波に襲われたから」では答えになっていない。「想定を超える津波に襲われて、何がどうなったか」を分析・検証するのが事故調査である。にもかかわらず、国会事故調の最終報告は、原子炉の中で何が起こったのかをまったく分析していない。それどころか「中に入れなかったので、後の分析に委ねるしかない」などと平然と書いてある。

実際、想定を超える津波で同じ状況に陥った福島第一の五、六号機は冷温停止に至っている。何が貢献したのか？　これは事故に至った炉と助かった炉の違いを克明に調査するしかない。事故原因を知り、再発防止策を考えるには首の皮一枚で生き残った原子炉の分析をしなくてはならない。

国会事故調は延べ一〇〇〇人にヒアリングを実施したそうだが、それだけの話を聞けば風聞も入り込んでくる。たとえば「地震の直後に一号炉からシューという音を聞いた」というある作業員の証言を受けて「配管破断があったに違いない」などと推測している。地震による配管破断で一号機はいち早く事故を起こしたというのだ。

しかし、私が調査した限りでは配管破断など生じていない。一号機では地震で外部電源が落ちた後に非常用電源が立ち上がり、津波に襲われるまでの四五分間は非常用電源が作動していた。

そのため、各種のメーターが生きていた。もし本当に配管破断が起きていれば、圧力が急激に下がって、それがメーターに記録として残っているはずだが、そういう証拠は何もなかった。実はほかに「シューッ」という音がする可能性があるのは非常用復水器（IC）であるが、それは地震のあと四五分間だけ動いていた証拠がある。だから私は配管破断ではなく、緊急冷却装置（ISOLATION　CHAMBER）の音だった可能性がある、と見ている。

国会事故調の最終報告書が、「あのとき誰がこう言った」と風聞だけを集めた〝三面記事〟のような内容になっているのも、関係者たちの聞き取り調査を主体としているからだろう。人と組織の問題ばかりを論点にして、事故の原因を当時の菅直人首相と官邸の過剰介入や、原子力ムラの問題などが引き起こした「人災」と結論づけている。最後は原子力行政を歪ませた原因として、「日本人の国民性」まで引き合いに出してくるのだから、あきれるばかりだ。

政府の事故調査・検証委員会の最終報告書も読んでいると目が眩んでくる。事故の原因が山のように書いてあるからだ。コンサルタントの世界では、ダメコン（ダメなコンサルタント）ほどクライアント企業の問題点を一〇〇も二〇〇もあげつらう。たとえば「営業マンの元気がない」という問題に対して、「営業マンの元気が出るプログラムをつくる」といった具合に、問題点をただ逆読みしただけの対策を、これまた一〇〇も二〇〇も提示するのだ。そんなコンサルティングで会社がよくなるはずがない。問題の原因を突き詰めて、一つの根本的な原因に帰着させなければ、対応策は立てられないのだ。

原子炉の設計思想にそもそも問題があった

福島第一原発の事故の原因は、突き詰めると、一つしかない。「すべての電源が失われる全電源喪失という状況が、長時間にわたって続いたこと」である。

事故を起こした福島第一原発一～四号機と同じ大津波に襲われながら、福島第一原発五号機、六号機、福島第二原発、女川原発、東海第二原発では事故が起きなかった。そこで福島第一原発一～四号機と他の原子炉で何が違ったのかを調査・分析した結果、「原子炉に冷却用の水を送り込むポンプを動かすための電源が一つでも生き残っていたかどうかが、事故の分岐点になった」ことがわかった。

では、なぜ福島第一原発一～四号機では全電源喪失が起きたのか。これはもう原子炉の設計思想にそもそも問題があったと言わざるをえない。

今から四〇年以上前、福島原発の建設を巡る住民説明会では、このような説明がなされていた。

「地震があった場合、制御棒が入って緊急停止（スクラム）する」

「制御棒が入らずに緊急停止できない場合には、ホウ酸水が注入されて原子炉を停止する」「通常の冷却機能が喪失しても、非常用クーリングシステム（ECCS）が確実に作動する」

「仮に原子炉の内部がコントロールできなくなっても、分厚いコンクリートと鉄で覆われた格納容器が、放射能の飛散を防ぐ」

しかし今回の事故調査の結果、制御棒が入ったこと以外、正常に作動した機能は何もなかった（放射能を封じ込めることさえできなかった）。全電源がなければホウ酸も注入できないし、ECCSも作動しないのである。

実は電源喪失の可能性を想定していたから、非常用電源装置は設置されていた。非常用電源まで喪失した場合には、外部電源があるというところまでは、原子炉設計者も考えていた。しかし、非常用電源も外部電源もすべて失われて、それでも原子炉を冷やさなければならない過酷な状況までは、想定していなかったのだ。

それは福島第一原発の原子炉の主契約メーカーであるGEの責任が大きいが、実はBWR（沸騰水型原子炉）に限ったことではない。この五〇年間、原子炉設計に携わったすべての人が、全電源長期喪失を想定していなかったし、大飯原発のようなPWR（加圧水型原子炉）にしても同じことだった。全世界の原子炉が、基本的には福島第一と同じような設計思想に基づいてつくられていて、（非常用も外部も含めて）電源が長時間喪失することを想定していなかったのである。

福島第一原発事故の最大の教訓は何かといえば、「そもそも事故を想定してはいけないということ」だと私は結論づけた。

たとえば今、中部電力の浜岡原発では一五メートルの大津波を想定して、総延長一・五キロに及ぶ万里の長城のような防波壁の建設が進んでいるが、それでは不十分だ。

なぜならジェット機が墜落したり、テロリストの攻撃の的になったりしたら、防波壁など何の役にも立たないからだ。

たとえ大津波にあっても、ジェット機が落ちてきても、テロリストが襲ってきても、「何が起こっても、電源と冷却源を確保して原子炉を冷却できるようにする」。そのためにはサイト（施設）内にソーラーなり、風力なり、小型の火力発電なり、あるいは外部電源車なり、原理の異なる発電設備と水または空気などの冷却源を確保していなければならない。

実際、福島第一原発五号機、六号機の場合、一～四号機と同じく外部交流電源を喪失した。しかしながら、幸運にも六号機の非常用ディーゼル発電機が空冷式であったために地下に入らず、高所に置いてあり「その一台だけ」が動いたおかげで、五号機にも電力が融通されて冷却を行うことができた。一つの非常用ディーゼル発電機が機能したので二機とも冷温停止まで持っていくことができたのである。

政府は国民に具体的にわかりやすく説明すべき

福島第一原発の事故では、「全電源喪失の問題」ともう一つ、「冷却源の問題」が大きかった。メーンの冷却用ポンプと非常用電源の冷却用ポンプが、同じ海に面して枕を並べて設置されていたために、津波で一斉に使いものにならなくなり、海水をくみ上げて冷却する海水冷却系の機能をすべて喪失してしまったのだ。

原子力安全・保安院は、非常用電源にしても冷却源にしても、同系統のシステムを複数持つ「多重性」は確保していたが、「多様性」の視点を欠いていた。同じ海水ポンプでも別系統になるように、たとえば設置場所を工夫したり、河川や湖沼、貯水池から淡水ポンプを引いたり、空冷式の冷却システムや非常用の水源車を配備するなどして、「多様な冷却源」を確保する必要があるのだ。

いかなる事態が起きても、電源と冷却源を確保する。それさえできていれば冷温停止まで持っていけるので、原子炉がメルトダウンするような極めて深刻な事故は起きない。福島の反省に立てば、「あらゆる方法を使って電源と冷却源を確保すること」が原発再稼働の最低限の条件ということになる。

私が「大飯原発三号機、四号機に関しては再稼働しても大丈夫だ」と主張してきたのには理由がある。それは、私が提出した中間報告を参考にして、最悪の事態になっても電源と冷却源を確保できるように、関西電力が大飯原発の大幅な設計変更を施したからだ。

関西電力が用意した「電源と冷却源の多重性と多様性の確保」を私自身が分析・検証し、その結果を一一年一二月に提出した事故調査の最終報告に掲載した。

大阪の橋下徹市長に私の最終報告書を送って読んでもらうことで、ようやく彼も納得した（技術的にわからない部分に関しては、専門家を呼んで四時間も解説してもらったそうだ）。

橋下市長だけではない。私は自分のレポートがどれだけ受け入れられるのかを確かめるために、複数の原発設置県の首長に声をかけた。私自身が時間をかけてレポートの内容を説明し、質疑応答を受けたら、皆、理解してくれた。

「政府はなぜこういう説明をしないのか。政府がこう言ってくれれば私は受け入れるのに」とまで言うのである。政府は福島第一のことと関係ない「ストレステスト」なるものを持ちだして「安全」だとか「合格」だとか言っている。人々は福島から話を起こさないと誰も聞く耳を持たない。

福島で何が起こったのか。そこで学びえた教訓、日本だけではなく世界の他の原子炉にも適用されるべき教訓、は何か――。

政府が具体的に国民にわかりやすく説明していれば、原発や放射能に対する無用な不安をかき立てられることなく、盲目的な反原発、脱原発の世論を多少なりとも減じることができたかもしれない。

原発は〝公営化〟し、九電力でマネジメント

原発の再稼働問題にしても、一般論で賛成、反対を言っても意味がない。原子炉の状況は一つ一つ違う。

再稼働すべきかどうかの判断は、「どんな事態になっても冷温停止し、その状態が維持できるように、電源と冷却源の多重性と多様性が確保されているかどうかを、一つ一つの原発でチェックして個別に判断されるべきもの」なのだ。コンピューター・シミュレーションによるストレステストでは、安全性は決して保証されない。「この条件が満たされている限りは原発を再稼働しても安全」ということを国民にわかってもらうことが政府の大事な仕事であり、それができない政府なら、原発は再稼働しないほうがいい。

断っておくが、私は基本的には原発の再稼働に反対である。理由は政府がきちんとこの問題に向き合っていないからだ。きちんと向き合い、それぞれの原発一つ一つに対策を講じれば、再稼働できる原発がかなりあるのに、それができていない。

私が大飯原発三号機、四号機が再稼働可能と判断したのは、関西電力が電源・冷却源の多重性・多様性を確保し、どんな状況になっても政府の危機管理能力が試される局面にならないと考えたからだ。

今の無能な政府の下では、他の原発の再稼働は行ってほしくない。

さらに言えば、今後、原発を再稼働していくにしても、民間企業によるマネジメントには限界がある。

はっきり言えば、より小さな電力会社の管内で原発事故が起きたときに、本当に責任を持って事故を収束する能力が備わっているのか？　すべての電力会社にそれぞれ原子炉を持たすことを国策でやってきた。

今問われているのは、過酷な事故になったときにすべての電力会社にそれを収束させる力があるのか？ということである。

これからの原発事業には、三つの大きな課題が待ち受けている。一つは「再稼働、オペレーションの問題」であり、二つ目は「核燃料サイクルと使用済み核燃料の処理問題」、そして三つ目が「廃炉の問題」である。どの課題も電力会社が単独でマネジメントできる範疇を超えてしまっている。

原発事業は一つにまとめて〝公営化〟し、全国九電力の精鋭を集めてマネジメントしていくしかないだろう。

Strategy 19

「広島、長崎での
被爆経験を持つ日本は、
放射線が人体に与える
影響に関するデータを、
世界で一番持っている。
しかし、有効に使われず
“**放射線**は**恐ろしい**”
というイメージばかりが
先行している」

日本人の被曝恐怖症は、
なぜこんなに偏っているのか？
——CTスキャン二回で
年間限度を超えることもある

〜2012年9月3日◉記〜

「除染」は、最終的にはすべて国民負担になる

福島第一原発の事故後、世界中に〝放射能恐怖症〟が広がったが、今や事故当事国である日本の原発、放射能アレルギーは私の理解を超えて、異常な状況が続いている。その象徴といえるのが、放射性物質を取り除く除染問題だ。

今、除染の限界線量（閾値）はどんどん下がり、逆に除染費用はうなぎ上りに上昇している。こうなると巨大な除染産業が勃興してきて、かつての自民党政治時代の砂防会館に象徴される「砂防ダム」のように、ホットスポットを見つけてきては予算を分捕る「利権化」が起きてくる。その利権の強い味方になっているのは、乳飲み子を抱えた母親であり、「校庭で遊べない子供が可哀そう」などと騒ぐ親へのインタビューを得意とするマスメディアである。

実をいえば、広島、長崎での被爆経験を持つ日本は、放射線が人体に与える影響に関するデータを、世界で一番持っている。しかし、そのデータが有効に使われることなく、正確な知識も広まらずに、ただ単に「放射線は恐ろしい」というイメージばかりが先行し、神経質な対応を重ねているのが現状だ。

今の日本に必要なのは、放射線の障害が出る閾値、限界被曝量に関する具体的な議論を始めることである。

「広島の黒い雨」や「チェルノブイリ原発事故」の研究を長年行ってきた札幌医大の高田純教授は、原発事故発生後、南相馬、郡山、いわき、福島、二本松の福島全県で、新生児から成人まで、八七人の全身のセシウム放射能を検査した。そのうちの八三%は検出限界値以下（キログラム当たり一〇ベクレル以下）だった。その他一七%からセシウムが検出されたが、最大の人で体重キログラム当たり一六五ベクレル。年間線量を推定すると〇・四ミリシーベルトで、全くの安全範囲で、自然放射線による内部被曝の世界の年間線量平均値である一・三ミリシーベルトよりも少ないという。

低い線量でもリスクはあるが、発症するかは「確率の問題」

チェルノブイリ原発事故では、核暴走によって核分裂生成物が四方八方に飛び散った。

これは、〝核爆弾が爆発したようなもの〟だが、当時のソ連政府は核暴走を認めずに消火活動をやらせたために、被曝によって多数の死者が出た。ソ連の当局が発表した死者数は三三人だが、情報が非公開だったために実数は定かではない。それぞれの調査によって死者数に一〇倍以上の開きがあり、ガンや白血病など、放射線由来の長期的な死者数も調査によって大きく違う。当初、ヨーロッパの学者は四〇〇〇人という数字を使っていたが、その後、四万人に膨れ上がっている。

　そのチェルノブイリの「一〇分の一程度」の放射能をばらまいたとされる福島第一原発事故では、放射線の直接的なダメージで死亡した人はゼロである。また放射線の体内蓄積についても、高田教授の調査では、一番多い人で自然放射線から一年間に受ける量の三分の一以下しか検出されていないのだ。

図1 医療被曝の例

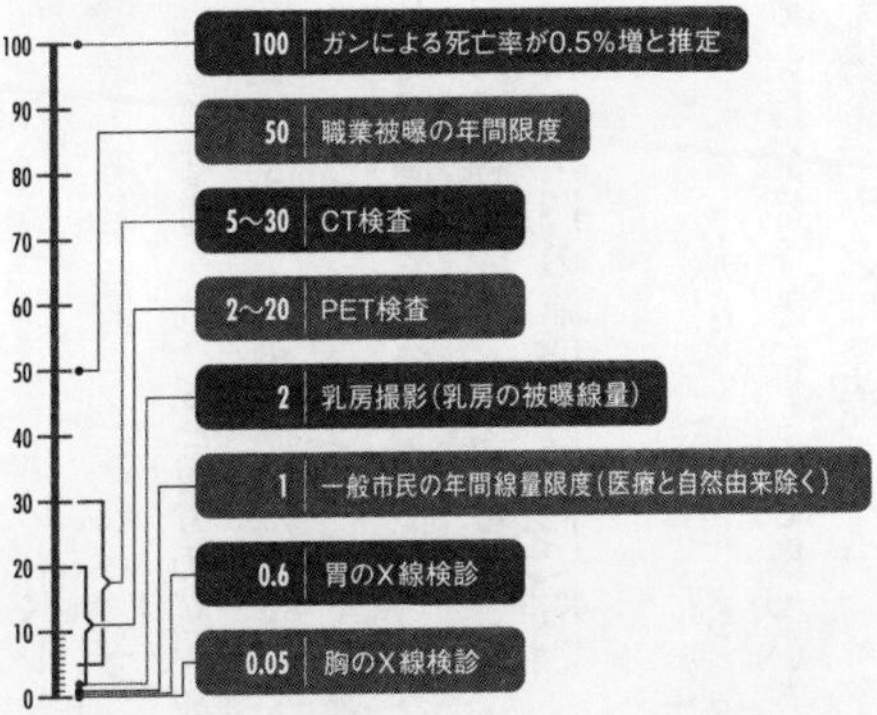

※数字は1回当たりの放射線の量(ミリシーベルト)。表記がない場合、全身に換算。
放射線医学総合研究所などによる。 出典:BBT総合研究所

我々は、日常的にさまざまな場所において放射線を浴びているが、医療行為による被曝も、その一例である。

図1（一八五ページ）はさまざまな医療被曝の例である。一〇〇ミリシーベルトの放射線を受けた場合、ガンによる死亡率が〇・五％増えると「推定」される。ガンによる死亡率が一万分の一だとすれば、その〇・五％、つまり一〇〇〇万分の五、死亡率が高くなるわけだ。それもほとんど推測の領域の話である。これが一〇〇ミリシーベルトの被曝をすることの現実だ。

一般市民の年間線量限度一ミリシーベルトに対して、高田教授の調査で得られた最も高い数値が〇・四ミリシーベルト。たとえば、胃のX線検診を一回受けると〇・六ミリシーベルトなので、それよりもまだ低い。完全に安全圏の範囲の数値であることが理解できるだろう。

低レベルの被曝は長い潜伏期間を経てガンを発生させる。放射線によって細胞のDNA分子が傷つき、それがガン化して増殖すればガンは発症する。しかし傷ついた細胞が死滅して、体外に排泄されることもある。この場合、ガンは発症しない。

たった一つの細胞が傷ついても運悪くガンが発症することもあるわけで、その意味ではどんな低い線量でもリスクはあるが、その後発症するかどうかは「確率の問題」

なのである。

その意味では、放射線のリスクは、タバコや酒と同じようにとらえるのが正しい。タバコ（ヘビースモーカーの場合）は寿命を六年短縮させ、肥満は三年と言われている。しかし、自然放射能はわずか八日。今のところ福島第一では、それよりも低い被曝ケースしか観察されていないのである。

親がヘビースモーカーの家庭なら、学校の校庭を削ることより、子供の受動喫煙のリスクを心配したほうがいい。

CTスキャン二回で年間限度を超えることも

それにしても医療被曝の被曝量を見ていると、日本人の被曝恐怖症がいかに偏っているかがわかる。

日本医学放射線学会など一二学会・団体は、CT検査などの普及で医療の検査、治療による被曝が増えていることを受けて、患者ごとに医療被曝の総線量を把握する仕組みづくりに乗り出している。

CTスキャン一回の被曝量は五～三〇ミリシーベルト。下手をすればCT検査を二回受けただけで、職業被曝の年間限度である五〇ミリシーベルトをオーバーしてしまうのだ。

最近の米TIME誌（二〇一二年六月二五日号）でも、CTによる被曝の危険性を取り上げていた。記事によれば一回のCTスキャンの発ガンリスクは歯のX線を一四〇〇回撮るのに等しい。

また飛行機による高度飛行は、宇宙からやってくる放射線に被曝しやすいことが知られているが、一回のCTスキャンの発ガンリスクは五時間飛行二四〇回分に相当する。同じく空港の全身スキャンを七万回受けるのに等しく、二〇本入り一パックのタバコを毎日一九年間吸うのと同じだという。

それぐらいCT検査はリスクが大きいのだ。

図2 人口100万人当たりのCTスキャナ台数

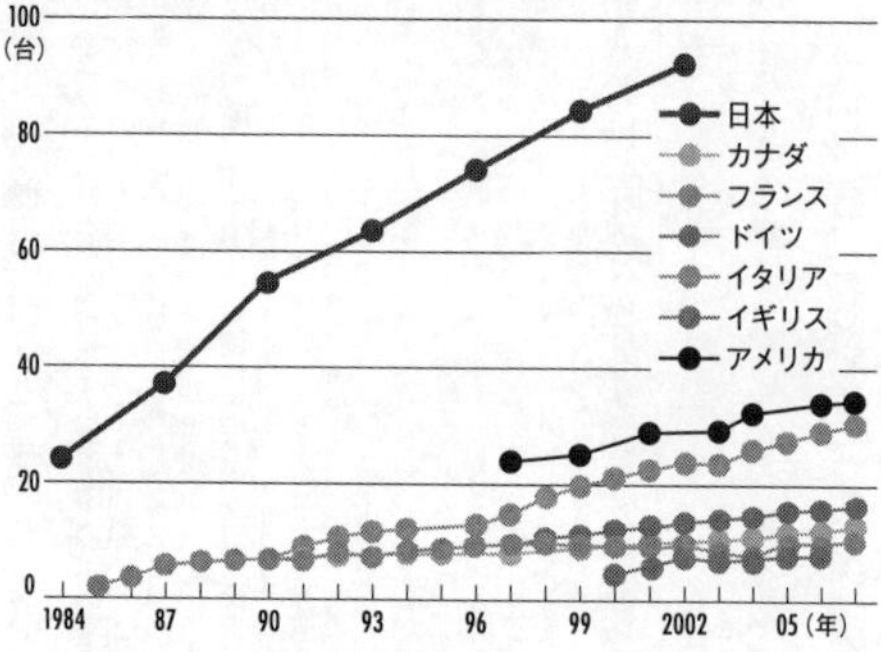

出典：日医総研リサーチエッセイ No.55

にもかかわらず、日本では少々、頭を打ったぐらいで「CTを撮りましょう」と医者から言われるし、患者もそれに応じてしまう。しかも、日本では他の病院で撮ったCTで診察するのを嫌がられる場合が多く、複数の病院でそれぞれCTや血液検査を受けることが珍しくない。

脳腫瘍など深刻な病状が疑われる場合には仕方がないが、そうでないならCT検査やPET（陽電子断層撮影装置）検査はよくよく考えて応じるべきだろう。

CTのリスクに対する日本人の無関心をよく表しているのが、図2（一八八ページ）だ。人口一〇〇万人当たりのCTスキャナの台数は、日本はOECD諸国の中で突出している。他の国々がCTのリスクに気づいて導入を抑制している中、日本だけが一直線に増え続けている。

それだけ身近に被曝リスクが転がっているということだ。しかし、日本人はほとんど関心を示さずに、福島第一原発事故の影響だけを大きく取り上げて騒いでいる。はなはだバランスを欠いた被曝恐怖症なのである。

Strategy 20

「海外で『あなたの宗教は
何ですか』と問われたときに、
『自分は**無神論者**です』
と答える日本人は少なくないが、
これは言わないほうがいい。
何をやらかすか
わからない
危険人物と
見なされるからだ」

知らないと危ない！
「世界の宗教」の歩き方
——どんな国、国民にも琴線ならぬ
“怒線”がある

～2011年12月5日◉記～

マレーシアでの仕事は宗教との闘いだった

私はかつて、マレーシアで二二年間にも及ぶ長期政権を築いたマハティール首相の経済アドバイザーを一八年ほど務めたことがある。

当時のマレーシアは今と同様、多民族・多宗教国家で宗教問題が常について回った。人口の六〇%以上を占める先住のマレー系と実質的にマレーシア経済を支配している中国系（約二六%）、これにインド系（約八%）、その他、で構成される民族的・宗教的対立は根深く、私が初めてマレーシアを訪れた一九七〇年代後半はイスラム原理主義が勢力を増して華僑の虐殺事件が起きるなど、社会の緊張が高まっていた。

マハティール首相はマレー系を優遇する「ブミプトラ政策」（七〇～九〇年）を導入して国民の格差是正に心を砕きながら、宗教対立に頭を悩ませていた。私は首相にこう進言した。

「宗教対立は結果であって原因ではない。原因は貧困にある。宗教対立を解決することは私にはできないが、貧困を克服することであればお手伝いできる。すべての人が教育の機会平等を得て生活が向上すれば、社会の緊張は解きほぐせる。これをやりましょう」

以降、マレーシアは工業化、近代化に邁進するのだが、たびたび宗教問題が顔を覗かせた。たとえば私の発案で九〇年代半ばから取り組んでいる「マルチメディア・スーパー・コリドー（ＭＳＣ）計画」。全土のＩＴインフラを整備してアジア屈指のハイテク国家を目指そうという国家プロジェクトだが、当初、マハティール首相はインターネットの全面的な活用に消極的だった。暴力表現やポルノのような、イスラム経典から見れば好ましくない情報が無制限に入り込んでくれば、管理監督する立場にある政府に対する原理主義者からの反発は必至となるからだ。

検閲の必要性を口にするマハティール首相に対して、私はあえて「教育で乗り越えるべき」とアドバイスした。今の中国のように政府が情報統制し、「これはいい情報、これは悪い情報」と毒味して国民に与えてもきりがないし、判断力のない国民が育つだけだ。それよりも、いかなる情報にアクセスしても自分の判断で取捨選択できるように国民を教育することがマレーシアの将来にとって大事である、と。私の言をマハティール首相は聞き入れた。結果、マレーシアはイスラム教国では稀に見る情報検閲のない国になり、今日、小国ながらＡＳＥＡＮの優等生として存在感を示している。

振り返ればマレーシアでの仕事は一貫して宗教との闘いだったが、その実、「宗教と闘わなかったこと」が成功の理由だったように思う。宗教的な対立というのはあくまで結果であって、人間、豊かになって生活にある程度のゆとりが出てくると信仰は希薄になり、他宗教との軋轢も減ってくる。

そもそもキリスト教であれ、イスラム教であれ、神の教えという原始的な部分ではわざわざ宗教対立を煽るような教義はない。対立の本質は教義の対立ではなく、人間の対立、つまりパワーゲームなのだ。カトリックとプロテスタントの対立にしても聖書を解釈する人間の対立であり、政治問題となったアイルランドの凄惨な宗教対立もその本質は先住者と入植者の戦いである。

日本でも戦国時代、比叡山の坊さんが武装して戦ったのは、仏教の教義と直接の関係はない。時の権力者とパワーゲームを演じたにすぎず、パワーゲームができなければ隠れキリシタンのようになるしかなかったのである。

現在でも、たとえばトルコのエルドアン首相が「(政教分離を謳う)世俗主義を捨ててイスラム主義に戻る」という趣旨の発言をしたり、イランとの関係改善に動いている。これを日本では、トルコのイスラム回帰と警戒する論調もあるが、まったくナンセンス。

国民の多くはイスラム教徒だが、近代トルコは建国の父であるアタチュルクが世俗主義を標榜して以降、政教分離の方針を貫いて民主的な政治体制を築いてきた。ではなぜエルドアン首相は今頃になってイスラム主義を持ち出してきたのか。

もともとオスマン朝やセルジューク朝など、かつてのトルコは十字軍との戦いに象徴されるように、キリスト教文明と対立するイスラム世界の右総代のような立場だった。

だが戦後のイスラエル建国以降、その役割を担ってきたのはエジプトである。アメリカに懐柔されてイスラエルの番犬になり下がりながら、表向きはアラブの盟主として君臨してきた。

しかし、そのエジプトが二〇一一年チュニジアで起こった「ジャスミン革命」に呑み込まれて弱体化、その間隙を衝いて過去の栄光再び、トルコがアラブの盟主に返り咲こうというのがエルドアン首相の思惑である。そのために世俗主義を捨て、イスラムの看板を掲げ直したわけだ。つまり、この問題も宗教の仮面を被った中東のヘゲモニー争い、パワーゲームの一端なのである。

どんな国、国民にも琴線ならぬ〝怒線〟がある

四〇年もコンサルタントの仕事で世界の隅々まで渡り歩いてきた私の経験からいえ

ば、宗教や宗教対立というものを教条的にとらえて、神経質になりすぎないほうがい い。同じイスラム教国でも近代化のレベルによって信仰の温度差がある。たとえばトルコでは女性の参政権も認められているし、仲良くなれば一緒に酒を飲んだり、日の出から日が暮れるまでは断食しなければならないラマダンの期間でも、昼間断食をしながら太る人がいるくらいだ。

またインドネシアはイスラム教国だが、民族（種族）も言語も三〇〇以上あって、バリ島に行けばヒンズー教だし、虫眼鏡的に見るとイスラム教徒が全然いない地域もあるし、チモールにはキリスト教徒の多い地区もある。イスラム教徒とどうやって付き合うべきか、などと肩に力を入れて突っ込むと空振りする可能性もある。

ただし、ビジネスマンであれば宗教的感度を磨いておくことは極めて重要だ。単純な話、受胎告知を信じている敬虔なカトリック教徒に、「セックスしないでイエスが生まれるわけがない」と言えばやはり喧嘩になる。

私が経験したビジネスの失敗例で言えば、こんな話がある。

今から二〇年ほど前に横浜ゴムで、タイヤパターンのデザインがコーランの一節に似ているというクレームがついてアラブ世界でボイコット運動が起きた。私がナイキでボードメンバーをしていた頃には、エアジョーダンという人気のバスケットシューズのロゴデザインがコーランの文字に似ているということでやはりボイコット運動が起きて、ナイキは何百万足ものシューズを回収することになった。いずれも燃え上がるようなデザインを踏みつける靴やタイヤに使った、ということが攻撃の理由とされている。

インドネシアでは、味の素の製造過程でバクテリアの育成にイスラム法に抵触する製品（バクトソイトーン）を添加物として使用していたとして、イスラム教徒が摂取できない「ハラム」の食品であると断定され、三週間以内に市場から回収するよう命じられている。しかしインドネシア政府は同時にマメノ（豆濃）という別の添加剤を使用すれば、イスラム教徒が摂取できる「ハラル」に認定する、ということで大きな騒ぎにはならなかった。

宗教絡みのビジネストラブルといえば、イスラム教とユダヤ教が圧倒的に多い。イスラムの場合は「聖典を冒瀆した」という筋合いのトラブルがほとんどで、多国籍企業は少なからずきつい代償を支払っている。コーランの一節と見紛うようなデザインは、とにかく避けたほうが得策だろう。特に「炎」のデザインを描くときは要注意だ。

またユダヤの場合、宗教の問題というより、「ユダヤの陰謀」的な史観が大きな火種になる。筆を握る人種は、その手の話はアンタッチャブルにしておいたほうが身のためだ。
「宗教的感度」というのは宗教ならずとも必要なことで、それぞれの国家や民族で「心の琴線」とは真逆の「逆鱗」「怒線」に触れるポイントがある。その話題に触れると相手はエキサイトして関係がぶち壊しになってしまうのだ。

たとえば韓国は儒教の国だが、儒教を否定しても韓国人とは喧嘩にならない。儒教をつくった孔子は、日本以外の国では宗教家ではなく哲学者として捉えられていて、たとえ否定するような発言をしても、「あなたは何様のつもり?」と軽蔑されるだけ。しかし歴史問題で日本の立場を是とするようなことを言うと、「歪曲だ!」と烈火のごとく怒りだして収拾がつかなくなる。「この国に来てこれだけは言ってはいけない」ということは結構あるので、よくよく注意すること。こうした感度を身につける一番の方法は、その土地で古くから暮らしている人と友人になって、事細かく教わるしかない。

最後に一点。海外で「あなたの宗教は何ですか」と問われたときに、「自分は無神論者です」と答える日本人は少なくないが、これは言わないほうがいい。無神論者は英語で「Atheist」だが、外国人にとって「無神論者」ほど違和感のある語彙はない。「神を信じていない」は、イコール「自分しか信じていない」利己的な奴となり、それは

「自制心が利かない」「一人にしておくと（神が見てないと思って）何をするかわからない」に等しく、神様を戴くキリスト教やイスラム教的世界観では、何をやらかすかわからない危険人物と見なされるからだ。まずビジネスの相手はしてもらえない。

私自身も特に宗教はないが、いつもこう言っている。

「日本人は昔から八百万の神といって、石にも山にも自然界のすべてに神が宿ると信じている。私もそう思っています。両親は仏教徒で、私自身は忙しくてあまりお寺には行っていませんが、死んだらブッディスト・テンプルで祭られ葬られるでしょう」

と。こう言えば相手も安心するのだ。

Special Talk 02

80歳でエベレスト登頂、偉業の裏側

挑戦心があれば、病気もケガも逃げていく

三浦雄一郎 VS. 大前研一

「世界の天辺に登る夢を持ち続けた」冒険家は、
七〇、七五、八〇歳と、ついに三度目となる
世界最高峰制覇を成功させた。
三浦家の「挑戦し続ける生き方」を語る。

〜2013年8月12日◉記〜

挑戦心があれば、
病気もケガも逃げていく

三浦雄一郎
VS.
大前研一

Yuichiro Miura

1932年、青森県生まれ。北海道大学獣医学部卒業。66年富士山直滑降、85年世界七大陸最高峰のスキー滑降を完全達成。今回のエベレスト登頂成功は2003年、08年に続く3度目の快挙である。冒険家、プロスキーヤー、クラーク記念国際高等学校校長。

Photo：市来朋久

「“もう無理”と自分を説得することはやめて、“やるぞ”と気概を持って生きていく。最後の日に“あれをやっておけばよかった”などと、三浦さんは一片の後悔もなさそう。私もそうありたい」（大前研一）

「徹底して"遊べる"登山を考えてやった。だから成功できたんです。苦しんで苦しんで、頑張り抜いたり、命を落とす方もいるわけですけど、"年寄り半日仕事"という日本の諺を取り入れましてね」(三浦雄一郎)

宇宙を歩いて登る感覚でした

大前　三浦さん、どうもお疲れ様でした。お帰りなさい。

三浦　無事帰ってきました（笑）。

大前　三浦さんが初めてエベレストに登ったのは二〇〇三年五月。当時、世界最高齢の七〇歳七カ月で登頂に成功した。それから五年後の〇八年五月に七五歳で二度目の登頂を果たし、さらに今回、一三年五月二三日に八〇歳にしてまたまた三度制して、最高齢のギネス記録を更新された。

実は一〇年前、七〇歳で最初にエベレストを制した〇三年に、『プレジデント』誌で対談させていただいたんですよね。

三浦　そうでした。

大前　あのときは、「人生をいかに楽しむか」「遊び心」ということで、私の好きなテーマでお話しさせていただいた。今回はその後の三浦さんの軌跡といいますか、遊びを超越した三浦さんの偉業というか、不屈のチャレンジ精神に迫ろうかと（笑）。

三浦　いやいや、基本的には今回も徹底して「遊べる」登山を考えてやったんですよ。

だから成功できたんです。
山登りは皆、苦しんで苦しんで、頑張り抜いたり、命を落とす方もいるわけですけど、今回の登頂は「年寄り半日仕事」という日本の諺を取り入れましてね。特に心臓の手術をした後なものですから。

大前 去年の一一月と今年の一月に心臓の不整脈手術を受けられた。

三浦 ええ。だから、今までの登山の常識を全部ご破算にして、今回は自分に都合のいいように登山計画を立てました。全部の行程を半分にして、最終的に五三〇〇メートルにあるベースキャンプから頂上（八八四八メートル）に行くまでにキャンプを二つ増やしたんです。

大前 その分、休み休みで行ける。

三浦 今の若い登山家は足を延ばしすぎるんです。今年も九人亡くなっています。登った行程はエドモンド・ヒラリーとテンジン・ノルゲイ（エベレストに人類初登頂を果たした登山家とシェルパのコンビ）、それから植村（直己）さんと同じなんですが、僕のやり方だとクレバスに落っこちたり、雪崩に遭いにくい。

大前 それでも、普通の人はそれを「遊び」とは言わない（笑）。

三浦 八五〇〇メートルのC5（キャンプ5　ここから頂上にアタックする）でお茶会

をやりましたからね。お茶の作法なんて全然知らないのに。
大前 お茶を点ててる写真、見ましたよ。あれ、表の気温は何度ですか？
三浦 マイナス二五度。でも、絶対八五〇〇でお茶会をやろうと決めてたんです。だから茶筅から何から全部持っていった。本当は一〇〇グラムでも軽いほうがいいのに（笑）、「お父さん、何でそんな無駄なもの」って豪太（今回同行した三浦氏の次男でプロスキーヤー・冒険家、医学博士）や他のメンバーからは言われました。でもね、すごく効いた。八五〇〇メートルの高さでは交感神経が優位になって、興奮して眠れなかったり、落ち着かなかったりするんです。それがお茶を飲んでいるうちにスーッと心が静まって。
大前 最終アタックを前にして、落ち着けた。
三浦 そう。「よし、行ける」「やろう」って気になる。
大前 そこで一泊したんですか。
三浦 一泊しました。夜中の一二時に起きて、一二時半に出発です。
大前 まだ真っ暗だ。
三浦 だから、ヘッドランプをつけて。先に向かう登山隊もいて、その日は五〇人、頂上に着いたんです。先行した連中のヘッドランプがどんどん頭上を進んで、満天の星と溶け合っていく。宇宙を歩いて登っているような感覚でしたね。

八〇になったらもう一度登ろう

大前 当日、山頂は快晴だったみたいですね。景色はいかがでしたか？

三浦 快晴。それもほとんど無風。今回は六〇〇〇メートルぐらいに雲海が広がって、その上に六五〇〇、七〇〇〇、八〇〇〇メートルの山々が頂を覗かせていました。まさに神々の世界、そんな感じがしましたね。もう二度と来れないから、じっくり目に焼き付けてきました。

大前 これは重大発言。もう次はない？

三浦 三度登れば十分ですよ（笑）。

大前 酸素マスクを外してましたね。

三浦 マスクを外してまず衛星携帯で恵美里（三浦氏の長女）に電話をしまして、それから本人だという証明写真を撮らなきゃいけないからゴーグルも外して。酸素が低地の約三分の一しかないから、ほとんど無酸素状態。本当なら五分と持たないのに、景色を眺めたり、スポンサーのフラッグの写真を撮ったりして、気が付いたら一時間ぐらい経ってました。

大前 それはすごい。体の限界は感じなかったんですか?

三浦 五分おきぐらいに一応、マスクを戻して酸素を吸ってましたから。それでも吸わない五分間は、意識をしていませんが、体には相当負担になったようです。

大前 おかげで下りるのが大変だったみたいですね。それにしても三度エベレストの頂に立った感慨というのは、それまでの二回と違うものですか?

三浦 いや一緒です。死ぬような苦労をして世界の頂点に立ったんだと。違うとすれば、「もう二度と来ることはないだろう」という去りがたい気持ち。それで一時間近くいましたから。これ以上ないくらいの達成感、充実感がありながら、心の底では「どうやって生きて帰るか」と。

大前 ところで、もう一度、エベレストに行こうと決断したのは、いつだったんですか?

三浦 七五歳で下りてきたときには、そんな感じはしてなかったですけど。

これは豪太が覚えていたんですけど、七五歳で登った前回、七〇〇〇メートルのC3を出て登り始めたときに、「豪太、いいアイデアがある。八〇になったらもう一回登ろう」と僕が言ったらしい。豪太は唖然としたそうです。

大前 前回は豪太さんが体を壊して、途中で下りたんですよね。

三浦　高山病がひどくなって、肺水腫と脳浮腫になりましてね。医者に言わせると、そのままなら一三〇％死んでいた。あのときは運よく、御先祖様から豪太に「おまえ、そこから下りないと死んでしまう」「今すぐ下りなさい」とお告げがあったそうです。豪太はデキサメタゾンというステロイドを、右半身は全く麻痺していましたから、左手一本で太ももの上から注射して、それで意識が戻ってきた。

高山病というのは山を下りれば酸素が増えるから回復する可能性がある。ということで、頂上をあきらめて、シェルパを二人付けて下りたんです。今回、僕が両手両足でやっと下りた氷壁を、前回、豪太は左手、左足だけで六時間ぐらいかけて下りたんですが、やっぱり神の、ご先祖様の助けがあったから生還できたんでしょう。

大前　今回は親子ともども無事に頂上に立った。見事にリベンジを果たしました。

三浦　今回は僕のほうが危なかった。だけど、ここでは絶対に死ねない、と。生きる執念といいますかね。時間を倍かけても三倍かけても安全に生きて帰ろうと思っていたので、無事に帰れました。

大前　七〇歳のときも、七五歳のときもすごいと思いましたけど、今回、八〇歳のギネス記録ということで、周囲のリアクションが全然違いましたね。

三浦　想像以上でした。

大前　世界中のニュースで「日本の登山家」の偉業が流れました。いつのまにか冒険家が登山家になってましたけどね（笑）。日本中どこに行っても、「三浦さんみたいにやらないといけない」という反応だったでしょう。やっぱり八〇歳というインパクトですか。

三浦　不思議ですよね。たった五年しか違わないのに。やっぱり高齢化社会では七十代は普通で、八〇歳でやっと高齢者の入り口に立ったという感じなんですかね。

大前　四回目の成人式ですから（笑）。

安倍晋三首相まで調子に乗って、「三浦雄一郎記念日本冒険家大賞」なんて賞までつくった。あれはつまり、国民に夢と感動を与えた冒険家を三浦さんが中心になって選んでいくんですか。

三浦　大前さんも対象（笑）。

大前　いやいや、私はバイクとかスノーモービルをやっているだけで（笑）。

三浦　高齢化社会では年寄りが元気を出して健康であれば、国も幸せですから。日本人のチャレンジ精神と、そのあたりの国民の幸福に貢献したということで賞を創設していただいたと思うんですけどね。

大前　私も同年代の人とクラス会などで会うと、すっかり老いぼれていて、見るだけで「この野郎、何なんだ」と思いますよ。

三浦 あれは結局、自分であきらめているんですよ。年を取ると、できない理由ばかりを一生懸命考え始めるんです。

大前 もう年だし、と。

三浦 僕の親父（三浦敬三・山岳カメラマン）は九九歳でモンブランを滑りましたが、九〇歳から九七歳までスキーで三回骨折しています。深い雪に突っ込んだり、立山でクレバスに落っこちたり。普通、九〇過ぎてスキーで骨折したら……。

大前 骨なんかくっつかない。大体、もうスキーをやろうなんて思いませんよ。

三浦 でも本人は「治せばスキーができる」「九九歳でどうしてもモンブランを滑る」とあきらめなかった。すると不思議なことにケガがどんどん回復して、骨もくっつく。僕も七六歳のときにジャンプで失敗して骨盤を四カ所骨折して、全治六カ月という診断だった。再起不能、歩けるようになれば上々だと言われましたが、二カ月半で骨がくっついた。そこから車椅子で歩き始めて、二月に骨折して五月の連休にはゴルフをしていました。

大前 さすがにカートに乗ってゴルフしたんでしょう。

三浦 いや、歩いてました。

大前　一緒にゴルフをやると、カートに乗らないんだもの（笑）、「こんなチャンス、もったいない」って走り回って。体の老いを心の老いが加速させるということもあるんでしょうね。どちらが先かわかりませんけど。

三浦　心が先じゃないですか。僕らもやっぱり同窓会に行くと、「俺はもうダメだ」とか、「あっちが痛いこっちが痛い」「老人ホームはどうする」とネガティブな話題が湧いて出てきて、当然、自分もそういう話の輪に入っていくものだと思っちゃうんですよね。

大前　予定調和というか。

三浦　高齢者はこうあるべきだと、勝手に自己暗示にかかっている。「もう余生だから」と思っているわけです。よせばいいのに（笑）。僕の親父はいつまでもスキーがしたいと思っていたから、元気でいられたんです。

大前　私もこの週末、富山までバイクで六四〇キロ走ってきました。

三浦　それはすごい。

大前　ウィスラー（カナダのブリティッシュコロンビア州にあるリゾート都市）のペンバートン氷河に毎年、スノーモービルで行く。これが私の目標です。行くたびに、あと何回こられるだろうかと思うんですよ。

三浦 まだまだでしょう。

大前 急斜面を登り下りしなきゃいけないので、結構気合が要る。仕方がないから、毎週のように飯山の野沢温泉の裏山でトレーニングして、それから向かうわけです。それでも氷河の壁を目の前にすると、「これを登って、ひっくり返ったらどうしよう」というのが一瞬、頭をよぎりますね。

チョー・オユーに八五歳で登りたい

大前 私はちょうど七〇歳で三浦さんと一〇歳違いですが、自分が七五歳、八〇歳になったときのイメージがあまりない。ただ、今やっているスキーやダイビング、トライアルバイクやスノーモービル、それから若い頃から続けてきたクラリネットをバタンキューするまで続けられたらいいな、と。だらしないんですけど、高い目標がない。三浦さんは八五歳や九〇歳になったときに自分が何をやっているというイメージはありますか？

三浦 僕も一緒ですよ。今まで通り山に登ったり、スキーができればいい、と。中国にチョー・オユー（ネパールとチベット自治区にまたがるヒマラヤ山脈の山。標高世界第六位）という八二〇〇メートルの山があって、ここは山頂からスキーで滑れるんです。八五歳では、これを豪太と一緒にスキーで滑ってこよう、と思っています。まず登れなきゃ話になりませんが。

大前　結構難しい？

三浦　いや、八〇〇〇メートル級では一番やさしい山の一つです。

大前　どこから山に入るんですか？（チベットの）ラサから？

三浦　ラサから車で二日ぐらいかかって、あとはキャンプを上げていきます。

大前　八五歳で？

三浦　八五歳で。

大前　言っちゃうと、やる人だから（笑）。三浦さんを突き動かす原動力は何ですか？

三浦　単純に「やりたい」という気持ちと、やっぱり世界の天辺に登る夢ですよね。夢の力。これが大きいと思います。

大前　子供の頃からの夢だからやり遂げられたと言う人もいますけど、三浦さんはそういう夢を持っていたんですか？

三浦　子供の頃というより、僕が北海道大学で山岳部の連中と山で遊んでいたちょうど二〇歳の年の一九五三年五月二九日に、エドモンド・ヒラリーとテンジン・ノルゲイがエベレストに登った。「俺も一生のうちに一度はエベレストに登りたい」と思って、その夢が七〇歳でかなったわけです。

大前 三浦さんとは、長い付き合いなのに、聞いたことがなかったんですけど、富士山を直滑降で下りたじゃないですか。三浦雄一郎が世界をビックリさせた最初のニュースですが、あれは何で思い付いたんですか？

三浦 新幹線に初めて乗って、三島辺りで富士山が見えた。富士山は何度も滑っているけど、あれを直滑降したらカッコいいだろうと（笑）、「待てよ、どうやって止めるかな」と考えて、ノートを取り出して富士山をスキーで滑っている絵をかいていたら、パラシュートを付けたら面白いというアイデアが浮かんだ。大阪で講演があったんですが、終わってすぐに防衛庁（現防衛省）の航空装備研究所に相談に行ったら、「面白い」とパラシュートの設計に協力してくれたんです。

大前 富士山直滑降のあとは、世界七大陸の最高峰からスキーで下りたいという夢をずっと持ち続けていらした。

三浦 南極から含めたら、二〇年以上ですね。

大前 南極が一番大変だったですか？

三浦 行くのが大変でした。当時、ワーナー・ブラザーズの社長だったフランク・ウエルズやダラスの石油王のディック・バスと一緒にチームを組んでいたんですが、ウエルズというのは天才ですね。チリの海軍大臣と交渉して軍艦を我々のサポートに付けて、そこからヘリコプターで航空燃料をどんどん補給してもらった。おかげで行って帰ってこれたんです。

大前　キリマンジャロには何度も行かれてますね。

三浦　あそこは家族でね。豪太がまだ小学六年生の頃に、向こうに行けばキリンも象もいるような話をして連れていきました。キリマンジャロの山頂にキングソロモンの指輪が隠されているという伝説があって、「もしおまえが発見したら、世界で一番有名な小学生だ」とけしかけた。本人もその気になって頂上で石をひっくり返していました（笑）。

何歳からでもスタートできる

大前　今回は豪太さんとの親子登頂にも感動しましたが、三浦さんは豪太さんや雄大さん（長男）に、どういう子育てをしたんですか？

三浦　これは、大前流と似てますけど、あまり「勉強しろ」とは言わない。小学校の